Michael Wigge
Auf dem Tretroller durch Deutschland

Michael Wigge

Auf dem Tretroller durch Deutschland

2473 Kilometer im Schneckentempo

Mit 38 farbigen Fotos, 30 Links zu
zusätzlichem Filmmaterial und einer Karte

MALIK

Die QR-Codes am Ende der Kapitel führen zu zusätzlichem
Filmmaterial und können mit einem mobilen Endgerät
gescannt werden. Die einzelnen Kurzfilme sind auch abrufbar
unter: www.dw.de/programm/auf-dem-tretroller-durch-
deutschland/s-100528-9800.
Mit freundlicher Genehmigung von Deutsche Welle, Bonn

Mehr über unsere Autoren und Bücher:
www.malik.de

ISBN 978-3-89029-441-4
© Piper Verlag GmbH, München 2013
Redaktion: Viola Krauß
Fotos im Bildteil: Michael Wigge
Karte: cartomedia, Karlsruhe
Satz: Greiner & Reichel, Köln
Litho: Lorenz & Zeller, Inning am Ammersee
Druck und Bindung: CPI – Ebner & Spiegel, Ulm
Printed in Germany

Dieses Buch widme ich dem Tankstellenmann mit Müllbeutel aus Dinkelsbühl, da er mir die schönste Verfolgungsjagd Deutschlands beschert hat.

Magnum, Colt Seavers und Duke & Duke erhalten diese Widmung nicht.

Inhalt

Vorwort 11

Schmerzen, Schnee und ein Scheißgefühl 17

Im Sand versunken 27

Ferdinand im Huckepack 39

Samba in Brasilien 42

Der Erfinderclub 49

Der tiefste Punkt Deutschlands 59

Tort(o)ur bis zur Hunde-Wellnessoase 64

Die Volkswagen-Currywurst 86

Mit dem Tretroller auf die Walz 96

Tagesstreckenrekorde zum Rekordhaus 102

Vom kleinsten Haus zur Unabhängigkeit 106

Die *beinahe* älteste Eiche Deutschlands 115

Einer der sechs deutschen Mittelpunkte 120

Der schiefe Turm von Thüringen 127

Bergfest mit deutschen Gartenzwergen 134

Desaster vor der Höhle der Sandmänner 139

Schiebend zum Hochsicherheits-
sicherungsstreifen 147

Schwerelos im Rhönrad 154

130 000 Zuckerstücke **159**
Deutschland, eine Lachnummer? **169**
Tretrollerexpertentreffen **176**
Das Frankensteinmonster **185**
Hilfe beim Bürostuhlrennen **189**
Außerirdische im Anmarsch **195**
Das Welthotel **200**
Tagesstreckenrekorde zum
Stadtbeleuchtungsautomaten **203**
Vom Tankstellenmann verfolgt **209**
Knapp 70 000 Kalorien verbrannt! **217**
Unrasiert bei den Bartweltmeistern **223**
Noch mehr deutsche Superlative **227**
Der geheimste Ort Deutschlands **231**
Endspurt – gewinnen oder verlieren! **235**
Die kleinste mobile Privatbrauerei –
und ich muss weiter **237**
Unordnung in Oberstdorf **240**
No more Tretroller! **244**
Danksagung **253**

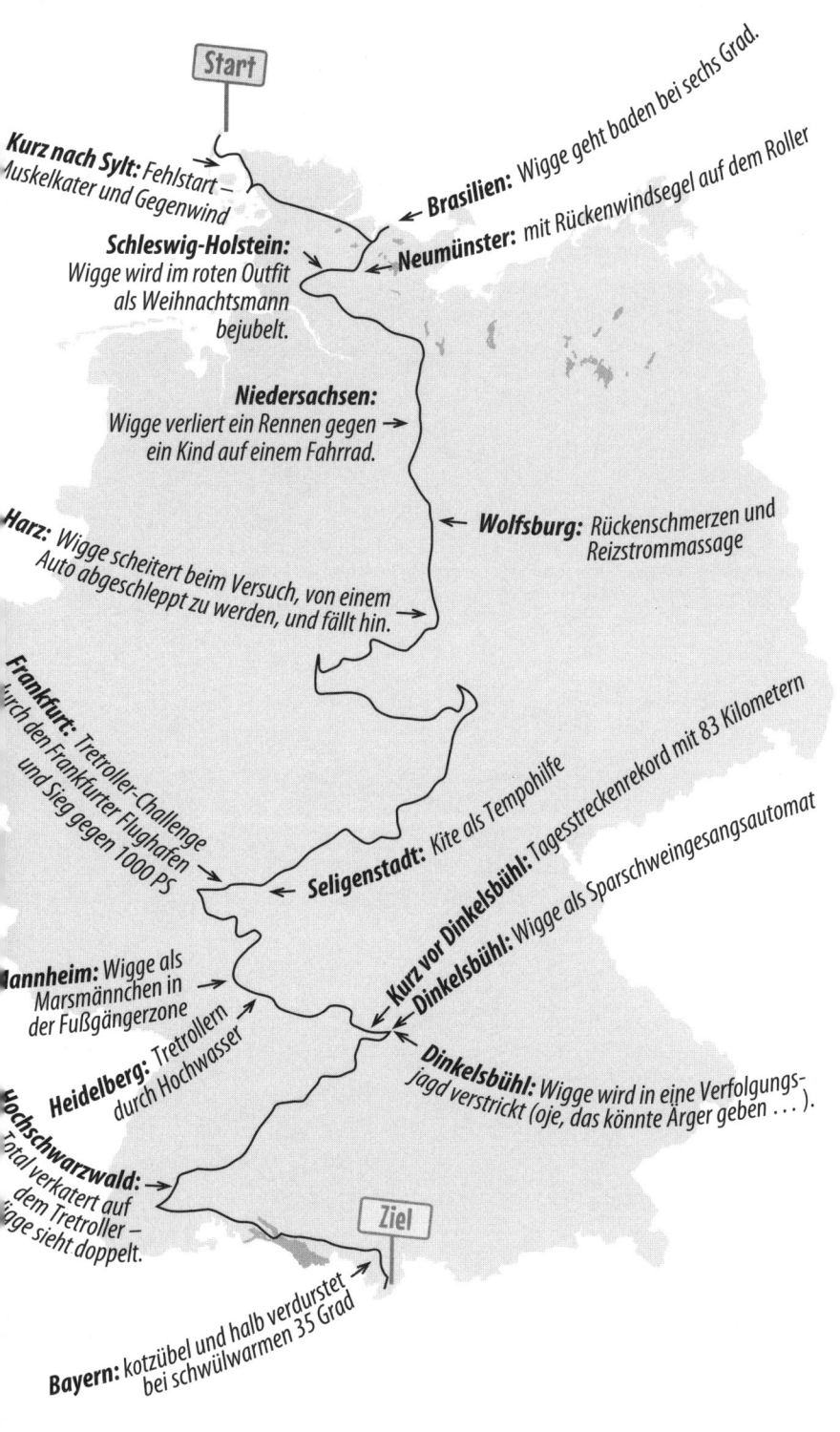

Start

Kurz nach Sylt: Fehlstart – Muskelkater und Gegenwind

Brasilien: Wigge geht baden bei sechs Grad.

Neumünster: mit Rückenwindsegel auf dem Roller

Schleswig-Holstein: Wigge wird im roten Outfit als Weihnachtsmann bejubelt.

Niedersachsen: Wigge verliert ein Rennen gegen ein Kind auf einem Fahrrad.

Wolfsburg: Rückenschmerzen und Reizstrommassage

Harz: Wigge scheitert beim Versuch, von einem Auto abgeschleppt zu werden, und fällt hin.

Frankfurt: Tretroller-Challenge durch den Frankfurter Flughafen und Sieg gegen 1000 PS

Seligenstadt: Kite als Tempohilfe

Kurz vor Dinkelsbühl: Tagesstreckenrekord mit 83 Kilometern

Dinkelsbühl: Wigge als Sparschweingesangsautomat

Mannheim: Wigge als Marsmännchen in der Fußgängerzone

Heidelberg: Tretrollern durch Hochwasser

Dinkelsbühl: Wigge wird in eine Verfolgungsjagd verstrickt (oje, das könnte Ärger geben . . .).

Hochschwarzwald: Total verkatert auf dem Tretroller – Wigge sieht doppelt.

Ziel

Bayern: kotzübel und halb verdurstet bei schwülwarmen 35 Grad

Vorwort

Als ich Michael Wigge zum ersten Mal sah, dachte ich mir gleich: Der Junge ist verrückt. Inzwischen – sieben Jahre später – muss ich feststellen: Mit diesem vorschnellen Urteil hatte ich absolut recht. Wigge ist *wirklich* verrückt. Doch um das gleich mal festzuhalten: auf eine angenehme, lebensbejahende, menschenfreundliche, immer wieder lehrreiche und unterhaltsame Art.

Aber der Reihe nach: Ich begegnete Wigge zum ersten Mal an einem Werktag im Herbst 2006 bei meiner täglichen Postroutine in der Redaktion unseres TV-Magazins »euromaxx«. Da fiel mir eine DVD in die Hände mit seiner aktuellen Filmproduktion, die er im Programm der Deutschen Welle unterbringen wollte. Und was gab's da zu sehen? Michael Wigge im Regenwald, der sich von Baum zu Baum schwingt – an einer Liane. Ungelogen.

Der Reporter hatte seinerzeit beschlossen, eine Weile bei den Sanema-Indianern im Amazonasgebiet zu leben. Und da wollte er auch beim Freizeitsport nicht negativ auffallen. Im Film konnte man übrigens außerdem sehen, wie er fürs Abendessen erfolglos einen Ameisenbären jagt oder so lange auf einem Klumpen aus Tabak und Holzasche (eine Art Red Bull der Sanema) herumkaut, bis ihm schlecht wird. Und dabei filmte er sich immer selbst, die Kamera am ausgestreckten Arm. Wigge in der

Hängematte, Wigge am Tümpel, Wigge beim Stampfen der Yuccawurzel.

Nach diesem filmischen Erlebnis war klar: Der Junge hatte was. Also verabredeten wir uns zu einem Treffen. Er sah damals ganz anders aus als im Film an der Liane. Ziemlich normal eigentlich. Das ist einer seiner Tricks.

Den Indianerfilm haben wir bis heute nicht gesendet. Dafür realisierten wir gemeinsam zwei TV-Reihen für »euromaxx«, die sich online immer noch großer Beliebtheit erfreuen: *Die Wahrheit über Deutschland* und *Das schönste Land der Welt*. Dabei geht es darum, unserem Publikum in der ganzen Welt einen anderen Blick auf Deutschland zu bieten. In *Die Wahrheit über Deutschland* erforscht Wigge alle wüsten Klischees über Deutschland und versucht zum Beispiel, herauszufinden, wie pünktlich, humorvoll, fleißig oder ordentlich die Deutschen wirklich sind. Und er befasst sich mit wesentlichen einsilbigen Themen wie »Bier«, »Hund«, »Wurst« oder eben »Kraut«.

Für seine Reise durch *Das schönste Land der Welt* flitzte er mit einem VW Karmann-Ghia (Baujahr 1962) durch alle 16 Bundesländer. Besser gesagt, er hat's versucht, denn der Osnabrücker ging ständig kaputt (gemeint ist das Auto, Wigge selbst kommt ja aus dem Sauerland). Trotzdem schaffte er es immerhin zu den Kreidefelsen auf Rügen oder zur Wartburg in Eisenach. Und überall machte er sich irgendwie nützlich: Auf Schloss Neuschwanstein hat er mal feucht durchgewischt, im Münchner Hofbräuhaus bis zur Erschöpfung Bierkrüge geschleppt. Typisch: Wigge will's wissen. Er geht dahin, wo es (ihm) wehtut.

Zwischendurch war er dann plötzlich verschwunden. Auf Weltreise. Und darauf folgte noch eine Weltreise. Sehr originell! Als er zurückkam, plante er schließlich etwas ganz Neues: eine Deutschlandreise – auf einem Rasenmäher. Hoppla! Nach der Erfahrung mit dem Karmann-Ghia konnte ich gut verstehen, dass er ein zuverlässigeres Fahrzeug wollte. Aber fünf Kilometer pro Stunde Spitze plus Mulchfunktion?

Der wesentliche Reiz der Sache war freilich nicht ganz von der Hand zu weisen: die Langsamkeit. Gemütlich fahren, genau hinschauen, interessante Reportagen über spannende Geschichten am Wegesrand drehen – der total entschleunigte Reporter sozusagen. Abseits der ausgetretenen Pfade. Eine gewisse Struktur sollte allerdings erkennbar sein: vom nördlichsten zum südlichsten Punkt, in 80 Tagen. Und so allmählich fanden wir den Rasenmäher gar nicht so übel. Doch dann kam uns doch tatsächlich ein anderer Sender zuvor – mit einer Rasenmäher-Reise-Reportage! Damit konnten wir die Rasenmäheridee wirklich nur noch kompostieren ...

Wigges langsame Deutschlandfahrt wollten wir trotzdem. Aber was wäre wohl das geeignete Gefährt? Ein Hochrad? Zu hoch. Ein Minimotorrad? Zu schnell. Ein Einrad? Langsam genug wäre er damit sicher. Anders gesagt: Er würde nie ankommen.

Wie so oft war die Lösung einfach. Bei meinen Autofahrten durch die Hauptstadt hatte ich ja alle verkehrsregelbefreiten Berlin-Mitte-Boys auf ihren Fixies (Risk-rider ohne Bremse) oder Hardtail Bikes (Pedalisten-SUV ohne Licht) sowieso im Blick. Doch von nun an verpass-te ich auch keine einzige Fahrradriksha mehr und kein noch so kleines Bobbycar. Keine tiefergelegte Schubkarre und kein hochprozentiges Bierbike. Und es gab wirklich alles: Segways, Skateboards, Kettcars, Dreiräder aller Art. Aber irgendwas fehlte. Irgendwas. Und dann, ganz plötzlich, sah ich ihn: den guten alten Tretroller! Ja!

Als ich Michael fragte, ob er die Nord-Süd-Tortour in 80 Tagen auf einem Roller bewältigen könne, erklärte er ohne zu zögern: »Klar, kein Ding.« Das hörte sich gut an. Aber beim Einrad war er ja auch schon recht opti-mistisch gewesen – bis zu den ersten Feldversuchen … Andererseits: Der Mann war hart im Nehmen und hatte ja auch die Zeit im Regenwald unter Einfluss der Tabak-Asche-Droge einigermaßen überstanden.

Keine Woche später besorgte er sich also einen echten Profitretroller. Einen nagelneuen »Folding Master« mit Luftbereifung und fünf Jahren Garantie. Ein Qualitäts-produkt der tschechischen Rollerschmiede Mibo-Scoo-ter, entworfen vom branchenweit respektierten Chefent-wickler Břetislav Michálek. Da waren sie also: der Roller und der Wigge. Und nun?

Als ich die beiden so sah, bekam ich noch mehr Zweifel, ob Wigge die »Challenge« innerhalb von 80 Tagen schaf-fen konnte. Das Ganze schrie förmlich nach einer Wette: »Schaffst du nie!«, sagte ich. Und er: »Schaff ich doch!«

Da »euromaxx« auch ein Lifestyle-Magazin ist und uns die Analogie zwischen Michael Wigge und Sebastian

Vettel irgendwie überdeutlich erschien, war der Wetteinsatz der Deutschen Welle rasch geklärt: eine Magnumflasche Champagner. Für die (unwahrscheinliche) Taufe des strahlenden Siegers Wigge am südlichsten Punkt Deutschlands, dem Haldenwanger Eck im Freistaat Bayern.

Für den (wahrscheinlichen) Fall, dass er mehr als 80 Tage brauchte, war Wigges Wetteinsatz ebenso naheliegend: ein kostenloser Frondienst für die Redaktion. Da er sich schon bei seinem Wurst-Film über »Konnopke's Imbiss« in Berlin recht gelehrig gezeigt hatte, wurde beschlossen, dass Wigge den Küchendienst bei der nächsten Redaktionsparty übernehmen sollte. Sicherheitshalber bei der Weihnachtsfeier. Bis dahin sollte er ja in jedem Fall angekommen sein. Dieser »Herausforderung« konnte er naturgemäß nicht widerstehen. Also Handschlag drauf!

Tja, so war das. Und wenig später startete Michael Wigge am nördlichsten Punkt der Republik, dem sogenannten Ellenbogen auf Sylt, seine Rollerreise durch ein unbekanntes Deutschland. So ist er halt, der Michael. Ziemlich verrückt.

Rolf Rische, Juli 2013

Schmerzen, Schnee und ein Scheißgefühl

Mein linker Fuß rutscht immer wieder im tiefen Schnee-
matsch weg, ohne dass ich mit dem Tretroller auch nur
ansatzweise das Ende des Berliner Tiergartens erreiche.
Es ist eine Qual, mein kleines Gefährt schlittert ständig
davon, ich habe fiese Rückenschmerzen und würde am
liebsten den Roller nehmen und über den zugefrorenen
Ententeich schmeißen. Es sind minus acht Grad, und jeder Meter Strecke in dieser Trainingseinheit kommt mir
vor wie 100 Kilometer in meinem Auto – im Stau. Ich bin
richtig schlecht gelaunt, vor mir türmt sich sprichwört-
lich eine hohe Mauer auf, die ich überwinden muss. Aber
ich habe keine Ahnung, wie.

Was habe ich mir da schon wieder eingebrockt?

Es ist der 20. März, eigentlich ein Datum, das Frühlings-
gefühle wecken sollte. Doch nicht dieses Jahr. Morgen
steht der offizielle Frühlingsanfang ins Haus, und Berlin liegt tief unter einer Schnee- und Eisdecke begraben.
Ziemlich ungünstig, wenn man in zehn Tagen, also am
1. April, eine 2473 Kilometer lange Tretrollerreise vom
nördlichsten bis zum südlichsten Punkt Deutschlands antreten möchte (so hat's mein GPS am Roller vorberech-
net), und das auch noch unter erschwerten Bedingungen:
Ich habe nur 80 Tage Zeit, keinen Tag länger!

Man mag sich fragen, warum dieser Zeitdruck, ob ich Kinder zu Hause sitzen habe, die den Papa unbedingt nach 80 Tagen wiedersehen wollen. Ob mein Zwischenmieter partout nur 80 Tage in meiner Wohnung bleiben möchte. Oder ob ich ein unterwürfiges Verhältnis zu einer Dame pflege, die nach 80 Tagen die Bratpfanne zu Zwecken nutzen könnte, die weit von kulinarischen Freuden entfernt sind. Nein, nichts dergleichen, hier geht es schlicht und ergreifend um eine arglose Wette!

Nach meinen beiden bisherigen Herausforderungen *Ohne Geld bis ans Ende der Welt* (Wie reist man von Berlin bis in die Antarktis, ohne einen Groschen Geld in der Tasche zu haben?) und *Wigges Tauschrausch* (Wie tausche ich mich von einem Apfel bis zu einem Haus auf Hawaii hoch?) befinde ich mich nun kurz vor meiner dritten Feuerprobe. Eigentlich hatte ich beschlossen, mir solche Strapazen nicht mehr freiwillig anzutun, bis im Oktober das Telefon klingelte:

Stimme im Hörer: »Hallo, Rolf Rische hier, von Deutsche Welle Fernsehen Berlin. Ich habe mir dein Konzept noch mal angesehen – eine Fahrt mit dem Aufsitzrasenmäher durch Deutschland ... Rasenmäher ist ja ganz interessant. Mir gefällt die Idee des sehr, sehr langsamen Reporters abseits der üblichen Wege.«

Wigge: »Prima ...«

Stimme im Hörer: »Rasenmäher können wir aber nicht machen.«

Wigge: »Wieso nicht?«

Stimme im Hörer: »Ein anderer Sender macht so was Ähnliches. Außerdem ist das mit Motorantrieb sowieso irgendwie viel zu einfach. Da fehlt die Herausforderung. Wir hätten lieber so was Authentisches mit echter Anstrengung.«

Wigge: »Äääh, ohne Geld durch Deutschland reisen und dabei ein Haus ertauschen? Nee, nicht noch mal, danke!«

Stimme im Hörer: »Nein, nein, viel besser: Wir nehmen statt des Rasenmähers einen Tretroller. Weißt du, so einen Kinderroller …«

Wigge: »Äääää …«

Stimme im Hörer: »Ja, und damit's spannender wird, geben wir dir genau 80 Tage Zeit, um mit einem Tretroller das ganze Land zu durchqueren. So wie bei Jules Verne. Unterwegs erkundest du mit deiner Kamera die Provinz und die deutsche Kultur. Der total entschleunigte Reporter mit dem neuen Blick, verstehst du?«

Wigge: »Puuh …«

Stimme im Hörer: »Nix puuh! Trainieren heißt das Zauberwort, und schmeiß die Kippen weg, sonst wird das nichts!«

So ungefähr hat es sich abgespielt, das mit der Überredung zu meiner dritten großen Challenge, obwohl ich nach dem *Tauschrausch* vor 18 Monaten so unendlich groggy war, dass ich ein halbes Jahr lang um meine gute Laune ringen musste. Mich durch 14 Länder immer weiter und höher und reicher zu tauschen versetzte mich zwar während der Reise in einen angenehmen Rausch, doch der Nachhall war definitiv nicht gut. Was blieb, war ein Gefühl des Ausgebranntseins, und erst nach rund sechs Monaten kehrte meine gewohnte fröhliche Stimmung zurück.

Ich konnte noch nie gut Nein sagen zu »lustigen« Herausforderungen, das ist mein ganzes Leben so gewesen. Als Kind bin ich mal auf einen Strommast geklettert, weil mein Kumpel meinte, dass ich das nicht könne. Als Jugendlicher habe ich dann meine letzten 50 D-Mark vom Urlaubsgeld bei Hütchenspielern in Mallorca gelassen, weil mein Reisegefährte meinte, dass ich diese nicht besiegen könne. Nun, dem war auch tatsächlich so, deshalb musste ich wenig später als blinder Fähren-Passagier zurück ans Festland reisen. Genau das gleiche Spiel ereignete sich vor einigen Jahren in der Show von Sarah Kuttner. Als Reporter konnte ich zu keiner ihrer Herausforderungen Nein sagen. Auf dem Tomatenschmeiß-Festival »Tomatina« versuchte ich beispielsweise, einen blütenweißen Anzug zu behalten, und im New Yorker Central Park erschreckte ich die Leute, weil sie mir das nicht zugetraut hatte. Leider gab es dafür richtig eins auf die Mütze.

So musste es wohl unweigerlich zu einer dritten Challenge kommen. Dieses Mal sind eben 2473 Kilometer auf einem Tretroller zu absolvieren, mit Reifen, die gerade einmal 30 und 40 Zentimeter Durchmesser besitzen, und das in 80 Tagen! Doch ich will nicht jammern, natürlich hat mich dieses Unterfangen auch gereizt. Zunächst mal möchte ich mein Heimatland noch besser kennenlernen. Warum immer nur in die weite Welt hinaus, wenn man nicht weiß, wie es vor der eigenen Haustür aussieht? Am Ende dieser Reise soll eine originelle Art von Reiseführer stehen, der mehrere Videoreportagen umfasst, einen Blog, ach ja: und auch noch ein Buch.

Last, not least wäre da noch der sportliche Aspekt: Mit 36 Jahren merkt man, dass es körperlich schon ein bisschen bergab geht. Darauf habe ich keine besondere Lust, deshalb plane ich, in mein zukünftiges Leben ganz viel Sport zu integrieren und sehe diese Challenge als grandiosen Auftakt.

Nach dem anfangs geschilderten Tiergarten-Desaster beschließe ich also, noch härter zu trainieren. Bereits im Herbst nach dem Anruf der Deutschen Welle hatte ich mir einen gnadenlosen Drei-Punkte-Plan zurechtgelegt, damit ich nicht schon nach ein paar Stunden meiner Reise zusammenbreche.

Punkt 1: Weg mit den Kippen

Zu Hochzeiten des *Tauschrausch*-Stresses hatte ich leider wieder mit dem Rauchen angefangen und vernichtete seither täglich eine ganze Schachtel. Nun musste Schluss damit sein, ich warf alle Zigaretten weg und schwor mir ein immerwährendes Ende dieses Lasters.

Am nächsten Morgen saß ich wieder mit Kaffee und Kippe am Schreibtisch. Herrlich! Das Ganze spielte sich noch ungefähr fünf weitere Male so ab, bis ich so etwas wie konsequentes Verhalten an den Tag legte. Doch dann hatte ich es irgendwann geschafft!

Punkt 2: Ernährungsumstellung
In meinem Freundeskreis bin ich nicht gerade dafür bekannt, der beste Koch zu sein. Das ist ein Euphemismus. In Wahrheit kann ich es einfach nicht und blockiere sämtliche gemeinsame Kochabende mit Freunden. Wie dem auch sei, eine bessere Ernährung musste schnellstens her, also überlegte ich mir Dinge, für die man eigentlich nicht kochen können muss: Morgens gibt es deshalb jetzt selbst gepresste Gemüsesäfte mit Müsli, mittags Fisch, Hähnchen und Gemüse und abends meistens noch einen Gemüsesaft obendrauf. Kein Alkohol, kaum Süßigkeiten. Das Ergebnis: Nach etwa vier Monaten wiege ich mit knapp 85 Kilo unglaubliche neun Kilo weniger.

Punkt 3: Sport
Die ersten Monate lief ich jeden zweiten Morgen acht Kilometer, um meinen 36 Jahre alten Körper irgendwie wieder an Sport zu gewöhnen. Im Berliner Großstadtleben mit all seinen Verlockungen rücken schon mal andere Dinge in den Vordergrund. Als ich insgesamt 200 Kilometer Jogging hinter mir hatte, fühlte ich mich tatsächlich wieder fit.

Dann kam der Tretroller an die Reihe: Jeden zweiten Morgen schlitterte ich 15 Kilometer durch den Tiergarten. Doch nach Trainingseinheit drei kam schon das Aus: Mein Rücken, der sich bereits während des *Tauschrauschs* so laut beschwert hatte, dass ich mich wochenlang nur leicht gebückt fortbewegen konnte (und das in Indien), begann, wieder richtig wehzutun. Es blieben zu diesem Zeitpunkt nur wenige Wochen bis zum Start der Challenge, und ich kroch wie ein Invalide durch Berlin. Alles andere löste einen höllischen Schmerz aus.

Was hätte Rolf Rische bloß dazu gesagt?

Ich erfuhr es nicht, weil er erstens keinen Schimmer davon hatte und zweitens auch in Zukunft keinen Schimmer davon haben sollte, denn ich wollte unter gar keinen Umständen schon im Vorfeld als Verlierer dastehen. Doch was tun?

Hatte ich mich aufgrund meiner Unfähigkeit, Wetten abzulehnen, vielleicht doch ausnahmsweise mal ein ganz klein wenig überschätzt? Ich machte mir auf einmal große Sorgen. Was, wenn das »Wow, Wigge!« meiner Fans auf einen Schlag zum traurigen Bemitleiden eines Gestürzten würde?

Meine erste sinnvolle Gegenmaßnahme bestand aus einem Besuch beim Orthopäden, nennen wir ihn hier diskret Dr. R. aus B., oder – dem Thema entsprechend – einfach Dr. Rücken.

In der Praxis von Dr. Rücken kam mir ein Endfünfziger im weißen Kittel durch die Tür entgegen, der mich stark an den Schauspieler Wolfgang Völz erinnerte (allerdings ohne die Warze am Kinn).

Dr. Rücken: »Heeeeerr Wiiiiiigge! Wo zwickt es denn schon wieder, Sie Schlawiner? Hahaha.« (Wir begegneten uns das erste Mal.)

Wigge: »Das alles hat vor zwei Jahren bei einer Tauschreise in Indien angefangen, da konnte ich wegen Rückenschmerzen kaum mehr gehen.«

Dr. Rücken: »Iiiiindien! Ich denk da gleich an Goa und Sie mit 'nem Haufen Hasch in der Tasche. So schlimm war's doch bestimmt nicht. Hahahaha!«

Wigge: »Na ja, ich hatte damals wirklich schlimme Schmerzen, und auch leider jetzt wieder.«

Dr. Rücken: »Acht kleine Piekser mit dieser Spritze, und das Cortison macht alle wieder glücklich. Hahahaha!«

Wigge: »Ist das nicht dieses starke Schmerzmittel, von dem man impotent werden, Muskelschwund und Hautblutungen bekommen kann?«

Dr. Rücken lachte erneut laut vor sich hin, während seine Entscheidung, mir umgehend achtmal Cortison zu spritzen, längst gefallen war. Kurz nach dem überfallartigen Stich mit der Nadel hörte ich ihn noch philosophieren, dass man mit 36 bei körperlichen Höchstleistungen unbedingt aufpassen sollte, da der Leistungspeak eindeutig überschritten sei. Während er mir beim Rausgehen feixend einen Rückenstützgürtel, Tabletten und obendrauf noch ein Rezept für Schuheinlagen überreichte, erzählte er von einem kolumbianischen Torwart, der noch in seinen Vierzigern aktiv war und schließlich schon mit sechzig abgekratzt ist.

Zu Hause machte ich mir natürlich so meine Gedanken über Dr. Rücken – nicht so sehr über sein Talent, konstant in wildes Gelächter auszubrechen, sondern vielmehr über seine weisen Worte bezüglich großer Herausforderungen und darüber, dass man selbige von Jahr zu Jahr schwerer bewältigen kann. Ja, ich wusste, dass ich keine 28 mehr war, und hoffte inständig, dass mein Körper das alles halbwegs unbeschadet überstehen, dass er die 80 Tage durchhalten und das Tretrollerspiel geduldig mitspielen würde.

Deshalb ging es ab sofort mit Stützgürtel – der mich übrigens stark an den Bauchweggürtel aus der Tele-5-Werbung in den 1990ern erinnert –, Schuheinlagen, dem Rücken voller Cortison sowie einer neuen Tretrollertechnik regelmäßig morgens durch den Berliner Tiergarten. Wichtig beim Tretrollerfahren, so die Auskunft diverser Profis, die nebenbei die meisten Fahrradfahrer als überheblich rasende Konkurrenten ansehen, ist Folgendes: Fuß und Unterschenkel sollten stets einen 90-Grad-Winkel bilden, alle zehn Tritte muss ein Beinwechsel erfolgen, und der Rücken sollte so gerade sein, dass sich der Druck auf Po und Oberschenkel verteilt.

Es stimmt tatsächlich: Alle diese Maßnahmen wirken! Nach wenigen Tagen wurde es besser, und nach insgesamt 300 Kilometern Tretrollertraining bin ich nun bereit, trotz Schmerzen, Schnee und einem Scheißgefühl die neue Herausforderung anzutreten.

Aus dem Tretroller wird Ferdinand, mein kleiner bester Freund und treuester Gefährte in den nächsten Monaten. Er ist mit Blumenaufklebern und Lederstreifen geschmückt, die aus den Lenkerenden hängen, und er schafft wenige Tage vor dem Start sogar eine unglaubliche Höchstgeschwindigkeit von 18,5 Kilometern pro Stunde – bevor ich mich keuchend im Tiergarten über eine Bank hängen muss.

Los geht's!

Im Sand versunken

Es ist der 1. April, und ich stehe an der nördlichsten Spitze der Nordseeinsel Sylt. Diese Nordspitze, auf Friesisch »Alembögspünt« genannt, besteht in erster Linie aus weitläufigen Sandbänken und Dünen. In dieser Einsamkeit fallen einem sofort zwei Bambusstangen im Sand ins Auge, die mit einem roten Banner in 1,50 Meter Höhe verbunden sind, auf dem meine Kollegin Mechthild mit weißem Klebeband den Schriftzug »START« angebracht hat. Mechthild ist 29, kommt ebenfalls aus Berlin und wird nun die nächsten 80 Tage ein Wohnmobil fahren, das mir als Schlafplatz, als Basis zum Schreiben und bestimmt auch als Ruhezentrum für meinen muskelverkaterten Körper dienen wird. Die Option »Beinmasseuse« wurde von Mechthild allerdings bereits im Vorfeld ausgeschlossen. Irgendwie schade.

Ich stehe also in Startposition auf meinem Tretroller im tiefen Sand und luge hinter dem Startbanner hervor. Neben mir haben sich zufällig ein Jogger und ein älterer Mann mit Hund versammelt, die gerade in der Nähe waren. Sind das die jubelnden Massen, die ich mir von meiner Einladung auf meiner Facebookseite erhofft hatte? Social Media mögen normalerweise sehr weit reichen – bis Alembögspünt haben sie heute nicht gereicht.

Während der Jogger und der ältere Mann wild »Wigge, Wigge!« rufen, um mich endlich unter dem Banner durchfahren zu sehen, sausen mir im Eiltempo Gedanken über die kommende Zeit durch den Kopf. Zweitausendfünfhundert Kilometer auf dem Tretroller durch ganz Deutschland, durch Ostfriesland, Thüringen, das Rhein-Main-Gebiet, den Schwarzwald, Bayern und die Alpen. Ich habe mir vorgenommen, nach meinen beiden Weltreisen nun Deutschland und seine Bewohner genauestens zu erkunden. In 80 Tagen möchte ich nicht nur knapp 2500 Kilometer gerollert sein, sondern auch einen etwas anderen Reiseführer schreiben – einen, der nicht vom Brandenburger Tor und dem Kölner Dom erzählt, sondern auf sehr persönliche Weise von vielen überraschenden, ungewöhnlichen Menschen und Orten, die zeigen, wie unkonventionell und teilweise auch ulkig unsere Kultur sein kann. Im Vorfeld der Reise hatte ich bei meinen Recherchen Menschen entdeckt, die 100 000 Zuckerstücke sammeln, oder Menschen, die in ihrem Dorf den zweitschiefsten Turm der Welt stehen haben und dafür kaum Beachtung finden, obwohl er viel schiefer als der Schiefe Turm von Pisa ist. Dreißig solcher Begegnungen sollen es werden …

Meine Gedanken an der Startlinie kreisen aber nicht nur um freudige Erwartungen, sondern auch um Tage der Schmerzen, an denen ich meinen Freund Ferdinand verfluchen werde. Ich spüre eine Mischung aus Euphorie, Neugier und Angst, mich mit dieser Wette übernommen zu haben.

Plötzlich höre ich wieder »Wigge! Wigge! Los, Wigge!«, begleitet von energischem »Wau, wau!«. Ich schaue den Jogger, den älteren Mann und den Hund an und weiß, dass es so weit ist. »Ich schaffe das!«, brülle ich innerlich und rase, mich kräftig abstoßend, mit dem Roller unter dem Startbanner los – komme aber nur zehn Zentimeter weit, da der Roller im Sand versinkt und mein Bein nach hinten wegrutscht. Ich lege schnell nach, rutsche ab, noch mal und noch mal, und stecke tief im Sand fest. Meine drei Zuschauer lassen sich noch nichts anmerken und feuern mich weiter an, doch ich spüre, wie ihre Euphorie nachlässt und ihr Vertrauen in mich schwindet. Ich kann es ihnen nicht verdenken!

Ich kämpfe weiter und quäle mich mit wiederkehrenden Rückenschmerzen im Schneckentempo den Strand hoch, bis ich es nach 20 Minuten tatsächlich auf einen Radweg Richtung Süden geschafft habe. Dieser Abschnitt ist toll, denn es scheint die Sonne im übrigens von 1750 Sonnenstunden im Jahr verwöhnten Sylt. Ich fahre an Dünen und Heidelandschaften vorbei – groggy, aber fröhlich – und zähle konzentriert zehn links, zehn rechts, zehn links, zehn rechts, so, wie ich es im Vorfeld trainiert habe.

Nach zehn Kilometern führt mich mein Wander- und Fahrradnavi zum deutschlandweit bekannten Reichenort Kampen, wo der Wohnquadratmeterpreis locker 35 000 Euro erreicht und blondierte Unternehmergattinnen ihren Taschenhund auf den Straßen zwischen den Reetdachhäusern umhertragen, während der Herr Gemahl im Porsche unterwegs ist.

Ich hole mir eine Cola in einem Café und werde dabei von der speisenden Kundschaft kritisch begutachtet. Ob der junge Mann im roten Outfit wohl der Pizzabote ist, fragen sich bestimmt einige. Diese Aufmerksamkeit nutze ich, um meine Kamera zu zücken und ein paar der wohlsituierten Gäste zu befragen, ob sie mir so eine Tretroller-Challenge wohl zutrauen. Ein Mann Anfang sechzig mit gewaltiger Sonnenbrille, der als Lookalike von Mafiaboss Don Vito Corleone aus dem Filmklassiker *Der Pate* durchgehen könnte, und seine circa 36-jährige Frau mit Baby lassen sich auf meine Frage ein.

Wigge: »Denken Sie, dass ich mit diesem Roller in 80 Tagen 2500 Kilometer rollern kann?«

Corleone: »Hahahaha! Jong, heute ist der 1. April. Guter Versuch! Hahahaha …«

Wigge: »Das ist eine ernst gemeinte Frage, kein Scherz.«

Corleone: »Jong, wennä dat machst, zahl ich dir ein Bier! Hahahaha …«

Mit diesen Worten verzieht sich Corleone amüsiert mit seiner jungen Frau und dem Baby in die nächste Gucci-Boutique.

Ist mein Unterfangen wirklich derart unrealistisch? Und nicht mehr als ein Bier wert?

Den restlichen Tag verbringe ich mit gemischten Gefühlen auf meinem Roller und schaffe es bis nach Westerland, wo mein Navi satte 24 Kilometer anzeigt, also gerade mal ein Prozent der geplanten 2473 Kilometer. Das muss besser werden!

Von Westerland fährt mich Mechthild dann im Wohnmobil auf den Autozug, mit dem ich über den Hindenburgdamm aufs Festland gelange. Mir fällt siedend heiß ein, dass diese Strecke eigentlich schon zu den 2473 Kilometern zählt und ich die Regeln breche, wenn ich diese Strecke einfach tatenlos herumsitze. Rolf Rische von der Deutschen Welle wäre sicherlich erfreut, wenn er die Wette gleich am ersten Tag der Reise gewinnen würde.

Doch ich bin vorbereitet: schnell zwei dicke Reiseatlanten ausgepackt, unter das Brett des Tretrollers gelegt, einen Rollschuh an den linken Fuß geschnallt – und im Trockenen gerollert. So stehe ich im Innenraum des Wohnmobils und absolviere meine Kilometer. Zwar nur indirekt, aber immerhin.

Am nächsten Tag geht es entlang der ostfriesischen Küste Richtung Süden, vorbei an Deichen, Schafen und Wattlandschaften. Ich bin nicht in Form, da ich ab Kampen ohne Jacke gefahren bin und nun vor mich hin niese. Dazu dieser *Muskelkater*! 24 Kilometer auf einem Tretroller entsprechen von der Belastung her 15 Kilometern Jogging, schätze ich. Trotz des Trainings im Vorfeld sind meine Beine und mein Gesäß total verkatert, besonders durch die wahnsinnige Anfangsfahrt im Sand.

Deshalb ist nach gerade mal 19 Kilometern vorerst Schluss. Niesend und mit wackeligen Beinen lasse ich mich auf die Schrägseite eines Deiches fallen (Schafe laufen aufgeschreckt davon) und bleibe demotiviert liegen. Mehr geht nicht, egal, wie groß der Druck auch sein mag. Ob mein Rückfall in schlechte Rauchgewohnheiten letzte Woche damit etwas zu tun hat …? Was soll ich sagen, ich war gestresst, ich hatte in Berlin einen Kleinwagen mit dem Wohnmobil gerammt, weil ich den meterlangen Fahrradgepäckträger am Hinterteil vergessen hatte.

24 plus 19 macht 43 Kilometer an zwei Tagen, das ist weit von den geplanten 50 Kilometern täglich entfernt. Also nutze ich den angebrochenen Tag wenigstens zur Kulturrecherche und steuere eine kleine Insel am Horizont an, die man zu Fuß durchs Watt erreichen kann. Es handelt sich um eine der sogenannten Halligen, genauer gesagt, um Gröde, das angeblich kleinste Dorf Deutschlands mit aktuell gerade mal acht Einwohnern. Übrigens kein Wunder, dass das kleinste Dorf Deutschlands in Schleswig-Holstein zu finden ist, da, statistisch gesehen, 24 der 100 kleinsten Dörfer Deutschlands in diesem Bundesland beheimatet sind. Im Gegensatz zu dieser ländlichen Gegend ist der Rest des Landes ziemlich verstädtert: 74 Prozent wohnen in Städten und nur 26 Prozent in Dörfern.

Mit dem Tretroller durchs Watt zu fahren war allerdings eine eher blöde Idee, weshalb ich den verschlammten Ferdinand auf meinen Rücken packe und zusammen mit einer gebuchten Wattwanderführerin laufe. Alleine durchs Watt zu spazieren kann nämlich richtig gefährlich werden. Bei kommender Flut ist sehr schnell der Weg zum Ziel durch volllaufende Priele versperrt, obwohl es gerade noch absolut nach Ebbe aussah. Deshalb: Nie allein ins Watt!

Gröde ist, wie erwartet, ziemlich klein. Auf der Erhebung der Hallig stehen vier Backsteinhäuser in Hufeisenform um einen Dorfteich. Dazu gibt es einen Kiosk sowie einen Briefkasten mit der Aufschrift »Leerung je nach Tiedezeit« an einem der vier Häuser. Das war's.
Ich bin neugierig, wer in diesem Mikrokosmos lebt. Ist es nicht unglaublich einsam und langweilig hier draußen? Mein erster Kontaktversuch mit der Dorfbevölkerung gestaltet sich aber recht norddeutsch zurückhaltend.

Wigge: »Moin, Moin. Wir hatten telefoniert, ich würde Sie gerne zum Alltag im kleinsten Dorf Deutschlands befragen. Ihre Antwort am Telefon war echt spannend.«

Bewohner 1: »Ja, können wir machen. Aber reden Sie bitte nicht so viel!«

Hab ich das richtig verstanden? Ich rede zu viel? Diese Aussage stößt mich nun doch etwas vor den Kopf, und ich gehe erst mal weiter. Nächste Kontaktaufnahme.

Wigge: »Moin, Moin. Spannend hier im kleinsten Dorf Deutschlands! Kann ich Ihnen gleich mal ein paar Fragen stellen, vielleicht ganz persönlich beim Mittagessen?«

Bewohner 2: »Später von mir aus, aber einen Wohnzimmerreport machen wir hier bestimmt nicht. Gerne draußen bei den Schafen …«

Mich beschleicht das Gefühl, dass ich es mit Bewohner 3 versuchen sollte, wir hatten ebenfalls im Vorfeld telefoniert, und ich sollte morgens einfach klingeln. Das tue ich, doch niemand macht auf. Ich klopfe, rufe und schleiche schließlich mit etwas Unbehagen um das Haus. Sehe ich da etwa eine wackelnde Gardine, oder bilde ich mir das nur ein? Ich bin mir nicht sicher. Also klingle ich am Nachbarhaus. Meine letzte Chance. Bewohner 4 öffnet die Tür. Ein Mann bleibt im Hausflur stehen, wir schütteln uns nicht die Hand, ich kann ihn durch den dunklen Flur nur schemenhaft erkennen.

Wigge: »Ich tretrollere durch ganz …«

Bewohner 4: »Gefilmt werde ich aber nicht.« (Die Tür schließt sich langsam wieder.)

So sitze ich am Dorfteich und fühle mich zurückgewiesen – oder stelle ich mich an, und es handelt sich hier einfach nur um kulturell bedingte Zurückhaltung, so weit draußen an einem Ort, wo es kaum sozialen Austausch gibt?

Hier herrschen eine so friedliche Stille und dörfliche Idylle, und doch beschleicht mich ein komisches Gefühl. Auch Horrorfilme beginnen stets mit einer solchen Idylle, meist mit einem schönen Haus inmitten der Natur …

Beim *Kettensägenmassaker* bildet ein friedlicher Sommertag den Anfang, bei *Halloween* die Rückkehr in das beschauliche Städtchen Haddonfield, und bei *Friedhof der Kuscheltiere* sehen wir zuallererst ein malerisches weißes Haus am Stadtrand.

Wo mag nun *hier* das Böse lauern?

Der Wind weht durch das Dörfchen, die Schafe blöken, und die Einwohner sind spurlos verschwunden. Ich sitze immer noch mit einem unguten Gefühl am Dorfteich. Schon komisch, die Reaktionen der Dorfbewohner, dabei habe ich immerhin etwa die Hälfte von ihnen kennengelernt – beziehungsweise es versucht.

Meine Gedanken schweifen zu reitenden Leichen, die Nachts im Nebel auftauchen und wieder verschwinden, da steht plötzlich Sabine Kolk am Dorfteich vor mir. Sie lädt mich zum Mittagessen ein und bietet mir dabei auch gleich das Du an.

Ich bin total überrascht und habe am Esstisch ein klitzekleines schlechtes Gewissen. Sabine und Jürgen Kolk erzählen, dass sie vor acht Jahren hierhergezogen sind, weil Jürgen aufs weite, platte Land wollte und die Verbindlichkeit einer kleinen Gemeinschaft schätzt. Während Sabine mir weitere Buletten auf den Teller packt, meint sie, dass sie es genießt, ein Leben zu führen, in dem man nicht von den unendlichen Wahlmöglichkeiten unserer Gesellschaft überfordert wird. Nicht nur aus unendlich vielen Produkten müssen wir täglich auswählen, auch unseren Wohnort, unsere Arbeit, unseren Lebensstil und unsere Freunde können wir uns aussuchen – was vereinzelt durchaus hilfreich sein kann, aber einen auf Dauer und im Übermaß eher blockiert. Gewisse Einschränkungen können einem das Leben teilweise wirklich erleichtern. Ich denke da beispielsweise an den Berliner Nachtstress: Wie soll man sich nur zwischen zehn parallel auftretenden Bands entscheiden? Oder an all meine Möglichkeiten für einen Lebensentwurf: Wäre ich als Häuschenbesitzer auf Hawaii nicht glücklich, oder ist eine Insel doch zu viel des Guten? Wahrscheinlich schon. Dann also besser Kalifornien, wo ich eine Zeit lang gewohnt habe? Hatte ich doch schon, ist durch. Dann London, mein Studienort? Das Leben dort verläuft viel zu schnell, nein danke. Oder doch zurück ins Sauerland? Solche Luxusgedanken können leicht in Stress ausarten. Das bestätigt auch Sabine: »Hier gibt es nur sieben Leute, und mit denen muss man auskommen. Auch der Bewegungsradius ist klein. Und trotzdem reicht es zum Glücklichsein, wenn man die richtige Einstellung hat.«

Weniger ist wohl manchmal mehr. In puncto Essen muss das allerdings nicht unbedingt sein, und die Grödes sehen das Gott sei Dank genauso.

Als Nächstes treffe ich Monika Mommsen, die Ehefrau des Bürgermeisters (Teil der einzigen anderen Familie im Dorf). Sie führt den Kiosk, fotografiert die Motive ihrer Postkarten, die sie verkauft, selbst und zeigt mir Abbildungen von Wintereinbrüchen und Sturmfluten. Schließlich kann es auf Gröde pro Jahr bis zu 100 Sturmfluttage geben, an denen kein Austausch mit dem Festland mehr möglich ist. Sie erzählt mir, dass sie in den 1980er-Jahren einmal zwei Monate lang vom Festland abgeschnitten waren – und das im Winter. Deshalb wird gehamstert und gebunkert, was das Zeug hält. Frau Mommsen führt mich in den Vorratskeller des Hauses, wo es einfach *alles* gibt: eingelegtes Obst, Wurst, Gemüse und Mülltüten, die das gesamte Dorf die nächsten Jahre über müllfrei halten würden.

Im Nachbarhaus treffe ich noch Oma Mommsen, die übrigens gegenüber von Bruder Mommsen wohnt. Seit 49 Jahren lebt sie auf Gröde, besitzt allerdings auch eine Zweitwohnung auf dem Festland. Nach spätestens drei Wochen Aufenthalt in dieser Wohnung muss sie jedoch stets wieder zurück, da ihr die Ruhe und Natur dann zu sehr fehlen. Sie beschreibt sich als glücklichen Menschen.

Ich bin beeindruckt und mache schnell den Test, ob das kleinste Dorf Deutschlands für mich als Hauptstädter groß genug zum Leben wäre. Ich positioniere Ferdinand auf dem kleinen Deich, der das Dorf umgibt. Sollte ich mehr als eine Minute für die Tretrollerumrundung des Dorfes brauchen, besäße es eine für mich akzeptable Größe, um es hier langfristig auszuhalten, bei unter einer Minute bestünde dann doch eher die Gefahr klaustrophobischer Schäden.

Auf die Plätze – fertig – los!

Ich rase mit Ferdinand um das Dorf, an Monika Mommsens Wohnzimmerfenster vorbei, unter Beobachtung der winkenden Oma Mommsen, und schließlich am Briefkasten und an den Kolks vorbei, die gerade bei den Schafen sind. Nach einem dramatischen Finale, in dem ich Ferdinand über ein Gatter tragen muss, ist die Runde geschafft: 51,4 Sekunden!

Gröde ist klein, sehr klein sogar, aber es ist etwas Besonderes. Und die Bewohner haben mir beigebracht, dass weniger mehr sein kann, insbesondere wenn es um das Konsumieren von Horrorfilmen geht …

Film ab!

Ferdinand im Huckepack

Ich tretrollere noch am selben Abend auf dem Festland weiter Richtung Ostsee. Mein Ziel ist ein weiterer ungewöhnlicher Ort. Die Fahrt findet bei Sonnenuntergang statt, sie gestaltet sich allerdings weniger romantisch, als es sich anhört, denn es weht immer noch ein fieser kalter Ostwind. Die Kälte ist erträglich, doch Gegenwind auf einem Tretroller ist etwas Furchtbares. Es fühlt sich ungefähr so an, als würde man im zehnten Gang gegen starken Wind anstrampeln. Kurzum, es ergibt keinen Sinn, man kann genauso gut schieben. Deshalb ist nach 21 Kilometern Schluss. Morgen muss aber endlich was passieren, 50 Kilometer Minimum!

Der darauffolgende Tag fängt gut an, die Sonne scheint, und das Navi führt mich durch die norddeutsche Provinz an saftigen Wiesen, putzigen Dörfern und Bauernhöfen vorbei. Ich spüre die Beschaulichkeit der einsamen Weiten, von denen Jürgen und Sabine Kolk gesprochen hatten. Kein hektisches Gehupe, keine hetzenden Menschen, hier geht es ruhig zu. Die Leute am Wegesrand grinsen und grüßen mich. Es fällt auf, wenn ein Pizzabote auf einem Tretroller hier vorbeikommt. Jetzt scheint der schöne Teil dieser Challenge zu beginnen: das ländliche Leben in Deutschland in sich aufsaugen und die Natur und die Stille genießen, etwas, das ich seit immerhin 17 Jahren an meinen Wohnorten in diversen Metropolen wie Berlin, London und New York entbehre. Sehnt man sich mit 36 vielleicht automatisch wieder in seine idyllische Heimat zurück?

Trotz der Ruhe und Langsamkeit um mich herum muss ich mein Tempo halten. Ich nehme mir vor, 16,66-Kilometer-Etappen zu fahren und dann eine Pause einzulegen. Das wären drei große Etappen am Tag, mit denen ich auf meine heiß ersehnten 50 Kilometer käme.

Die erste Etappe klappt in etwas über einer Stunde, danach brauche ich die gleiche Zeit, um mich vom ewigen zehn links, zehn rechts, zehn links wieder zu erholen. Die zweite Etappe wird härter, meine Muskelkraft und meine Kondition lassen schon nach. Ich entwickele Strategien, um die zweiten 16,66 Kilometer durchzustehen:

1. Immer Musik dabeihaben, am besten antreibende und fröhliche
2. Immer schön belohnen: Wenn ich durchhalte, darf ich mir zwischen den Etappen ein Eis, eine Cola oder einen Kaffee kaufen.
3. Immer auf die Schritte konzentrieren: Ähnlich dem nächtlichen Schafezählen zähle ich jeden einzelnen meiner Schritte. Das hilft enorm bei der Ablenkung von körperlichen Leiden wie Seitenstechen oder Schwindelgefühl.

Auf meiner dritten Tagesetappe wird es dann allerdings richtig blöd. Mein Navi führt mich auf einen schlammigen Feldweg, der vom Roller nicht befahren werden kann. Also wird Ferdinand Huckepack fünf Kilometer durch den Schlamm getragen, und danach bin ich nicht nur schwer geschafft, sondern auch ziemlich entmutigt. Wie soll ich nur in 80 Tagen mein Ziel erreichen, wenn das so weitergeht?

Insgesamt werden es an diesem Tag dann aber noch stolze 57 Kilometer, doch dafür werde ich am nächsten Tag von meinem Muskelkater bestraft. Hier muss ich bereits bei Kilometer 41 und bei Schneefall die Fahrt beenden und falle schon um 19 Uhr in einen komatösen Tiefschlaf, der bis zum nächsten Morgen anhält.

Am vierten Tag der Schleswig-Holstein-Durchquerung will ich es unbedingt bis an die Ostsee schaffen und halte dank meiner Drei-Punkte-Strategie tatsächlich durch. Der Soundtrack von Tarantinos *Django Unchained* schallt in meinen Ohren und treibt mich an. Das Belohnungssystem verbucht zwei Latte Macchiato, eine Tafel Schokolade und eine Flasche Cola (ist ungesund, war aber lebensnotwendig, auch wenn es den folgenden Muskelkater in keiner Weise positiv beeinflusst hat), und das meditative Schrittezählen beschäftigt mein Gehirn.

Fazit: Nach der schwachen Leistung der ersten beiden Tage konnte ich mit stolzen 171 Kilometern in den folgenden 3,5 Tagen nachlegen und somit meinen Tagesschnitt beinahe erreichen. Yeeeah!

 **Film ab!**

214 km

Samba in Brasilien

Ich erreiche mein langersehntes Ziel: Brasilien!

Kein Scherz, die Ostsee-Küstengemeinde Schönberg schmückt sich mit exotischen Ortsteilen, die ganz offiziell Brasilien und Kalifornien heißen. Mich hat das während des kühlen Frühjahrs zu Hause in Berlin so sehr inspiriert, dass ich mir gerne einen eigenen Eindruck von diesen »heißen« Orten verschaffen wollte.

Bevor ich Brasilien mit dem Tretroller erreiche, muss ich den Strandabschnitt Kalifornien durchqueren: sechs Grad, Wind, Regen, kein Schwein am Strand. Ich sehe verschiedene Schilder wie »Kalifornien« (mit einer Sonne daneben gemalt) oder »Campingplatz California« (Sonne und blaues Meer daneben gemalt), doch die Realität ist grau. Also rollere ich weiter nach Brasilien, und – oh Schreck! – hier ist es noch düsterer. Ein leerer Strand, eine alte Strandbar, die nicht mehr in Betrieb zu sein scheint, und ein leerer Wohnmobilparkplatz, dazu das Gemälde einer grünen Palme auf einer gelben Mauer und eine bröckelnde Hausfassade mit dem Schild »Bar Brasilia«, welche ihre sonnigsten Tage wohl ebenfalls schon hinter sich hat.

Die paar wenigen Strandbesucher, die an mir vorbeikommen – was gefühlt alle zwei Stunden der Fall ist –, frage ich, warum diese Einöde solch vielversprechende

Namen zieren. Die erste Dame winkt sofort ab: »Nee, nee, Fragen mit Ihrer Kamera nicht.« Nach ewig langer Zeit kommt ein älterer Mann des Wegs, schweigt auf meine Frage und geht weiter. Ich bin froh über jeden, den ich in Brasilien erwische, und versuche es noch ein paar weitere Male, doch die Leute möchten nicht mit mir sprechen. Gedanken an das kleinste Dorf Deutschlands und meine Gruselphantasien von reitenden Leichen im Nebel kommen wieder auf. Aber ich wische diesen Quatsch sofort weg – hier geht es schließlich um Sonne, Samba und Bikini Girls, oder etwa nicht?

Aus Verzweiflung starte ich einen Selbstversuch, um zu sehen, ob nicht doch etwas an der exotischen Namensgebung dran ist. Bei immer noch sechs Grad Celsius ziehe ich mir rote Badeshorts an, trinke am Strand einen selbst gemachten Caipirinha (irgendwie Alkohol mit Zucker gemischt und Sonnenschirmchen draufgesteckt), buddele zitternd eine Sandburg und springe anschließend ins Meer. Der Kälteschock ist so gigantisch, dass ich kreischend wie die erste mit Federboas geschmückte Reihe eines Christopher-Street-Day-Umzugs im Wasser umherspringe. Während ich gerade mal eine Sekunde lang im flachen Wasser liege und diesen starken Schmerz von stechender Kälte verspüre, erinnere ich mich an einen Selbstversuch in meiner Zeit als VIVA-Reporter, nämlich Survivaltraining mit Survivalguru Rüdiger Nehberg. Es war Februar, und es ging darum, durch Schlammgruben zu tauchen und bei denselben Temperaturen wie heute unter einem Wasserfall zu baden. »Nie wieder«, hatte ich mir geschworen, und jetzt dieses Déjà-vu. Nichts wie raus!

So ein verdammter Scheiß, diese Brasilienverarsche, denke ich mir, während ich bibbernd umherlaufe und mich abtrockne und an einem Haus mit einer Frau im Vorgarten vorbeigehe. Es ist Renate Schmidt. Wer? Bislang mir und wohl den meisten anderen unbekannt, aber nun tritt sie hervor, um eine Lanze für Brasilien zu brechen. Bitte das Folgende genau lesen:

Renate Schmidt: »Ich wohne in Brasilien, weil es hier einfach mehr Sonne, Strand und dieses brasilianische Lebensgefühl gibt als irgendwo sonst.«

Ich tue so, als würde ich ihr glauben, schließlich will man höflich sein, und verabschiede mich dann. Erstaunlicherweise treffe ich nach kurzer Zeit tatsächlich Menschen am Strand, die mit mir reden wollen und mir endlich die Herkunft dieser exotischen Namensgebung erklären:

Mann: »Viele Leute von hier sind damals nach Brasilien und Kalifornien ausgewandert. Als Erinnerung an sie benannte man zwei Ortsteile nach ihren Zielländern.«

Frau: »Zwei Brüder hatten vor einiger Zeit Hütten am Strand gebaut. Einer hat seine Kalifornien genannt, der andere hat mit Brasilien nachgezogen.«

Oma: »Ein Schiffswrack vor der Küste hat vor vielen Jahren eine Holzplanke mit diesen beiden Namen angespült. Das ist der wahre Grund.«

Es scheint an der Zeit für einen offenen Brief:

Liebes Brasilien, liebes Kalifornien,

haben Sie recht herzlichen Dank für diese eindeutige Erklärung zu Ihrer Namensherkunft und ebenfalls natürlich vielen Dank für die vielen Sonnenstunden, die ich heute früh bei meinem eiskalten Meergang nicht erleben durfte.

Hochachtungsvoll
Ihr Caipirinha schlürfender Michael Wigge

Ich gebe der ganze Sache aber noch eine letzte Chance und positioniere mich gerade mit einem tragbaren CD-Player und einer Samba-CD am Strand, als ich plötzlich drei Schilder sehe, die mich stutzig machen:

1. Tretroller-Verbotsschild vor dem Steg von Brasilien (kein Scherz)
2. Richtungsschild nach »Oase«
3. Richtungsschild nach »Alpen«

Ich muss in mich hineinlachen, weil die Bewohner hier irgendwie Humor zu besitzen scheinen. Offenbar stimmt auch das, was mir eben am Kiosk erzählt wurde: dass wenige Kilometer neben Brasilien Sibirien existiert. Verrückt, aber gar nicht so abwegig, denn eine spätere Internetrecherche ergibt, dass Deutschland über Hunderte solcher Ortsnamen verfügt, auffällig oft in Schleswig-

Holstein. Weitere schöne Beispiele sind Philadelphia, Rotenmeer und Faulebutter.

So weit, so gut, ich stehe jedenfalls mit der laut schallenden Sambamusik am Strand, habe schrille Hawaiishirts und diese albernen Hawaiiplastikblumenketten in der Hand und möchte die Bewohner auf ihre Brasilienaffinität testen. Schließlich soll der Samba hier zu Hause zu sein. Ich stelle mich aber vorsichtshalber ganz entspannt auf eine mehrstündige Suche von sambawilligen Tänzern ein.

Dann das: Bei meiner ersten Anfrage nimmt eine Frau mittleren Alters den blöden Blumenkranz, hängt ihn sich um und tanzt ziemlich gut zum schallenden Kassettenrekorder. Kurz danach zerrt eine Omi ihre Enkeltochter Fine auf die sandige Tanzfläche. Sie zieht das riesige Hawaiishirt über und weiß, wie man auf brasilianisch die Hüfte schwingt. Mein dritter Echtheitsbeweis: Kraftfahrer Ronald zieht sich das Hemd an, schmückt sich mit den Blumen, beginnt mit tänzelnden Links- und Rechtsschritten, dreht sich wild im Kreis und baut sogar noch brasilianische Fußballaspekte mit ein: Seine Arme gehen hoch zur La-Ola-Welle, und er schmeißt sich nach vorne auf den Boden in die Siegerpose.

Ich bin beeindruckt und möchte mir nun offiziell entschuldigen:

Liebstes Brasilien, liebstes Kalifornien,

welch Unrecht habe ich Euch beiden sonnigen Strandschönheiten nur getan! Wie konnte ich euch ernsthaft in solch regnerisch miesmuffeliges Licht stellen! Ihr beiden seid die Lebensfreude pur, ja, Ihr seid so furchtbar weit entfernt von Eurem Nachbarortsteil Sibirien, wie man nur weit entfernt sein kann.

In tiefster Demut
Euer Micha

Ob zu viel Sarkasmus Unglück bringt? Ich glaube nicht, höchstens abends vielleicht, wenn sich mein Rücken zu Wort meldet. Heute habe ich so starke Schmerzen im unteren Rückendrittel, als hätte mich ein brasilianischer Voodoozauberer mit einem bösen Schwur belegt. Ich kann im Wohnmobil kaum auf mein Hochbett krabbeln, geschweige denn wieder herunterklettern. Nach Dr. Rücken wähnte ich mich in Sicherheit – zu voreilig, wie mir nun scheint. Die bisherigen 214 Tretrollerkilometer und der Sprung ins sibirische Eismeer heute früh haben die Karten wieder neu gemischt. Da die gesamte Reise mit dem Rücken steht und fällt, sind also eilig 90 Milligramm Arcoxia geschluckt. Sie wirken gegen Entzündungen, Schmerzen, Gicht und wahrscheinlich sogar gegen die Pest. Dr. Rücken wusste schon, was er mir da für meine Reise verordnete.

Am nächsten Morgen rollere ich weiter Richtung Südwesten, trage zusätzlich den von Dr. Rücken verschriebenen Rückenstützgürtel und kann es kaum glauben: Ich rase mit 20 Kilometer pro Stunde über die Deiche Kaliforniens, ohne viel treten zu müssen. Bislang lag ich bei hoher Anstrengung gerade mal bei zehn bis 15 Kilometer pro Stunde.

Besitzt der Rückenstützgürtel geheime Kräfte? Oder hat mich die brasilianische Leichtigkeit ergriffen?

Nein, nein, es ist schlicht und ergreifend der unglaublich starke Rückenwind, der mich so vorantreibt. Mit seiner Hilfe und dank abklingender Rückenbeschwerden schaffe ich heute einen neuen Tagesrekord von unglaublichen 60 Kilometern! Siegerfanfaren erklingen in meinem Ohr. Wer hätte das erwartet? Leider muss ich fairerweise wohl gewisse Abstriche machen, Rückenwindrekorde werden bei Weltmeisterschaften und bei der Olympiade nie gezählt. Also: Tagesrekord mit Einschränkung!

Ich erreiche schließlich die Stadt Neumünster, wo ich mit einer Gruppe von Leuten verabredet bin, was sich schon bald als folgenschwerer Plan herausstellen wird.

274 km

Film ab!

Der Erfinderclub

Mit besagter Gruppe bin ich in dem kleinen Örtchen Grevenkrug bei Neumünster im Restaurant »Auerhahn« verabredet – ja, genau, das an der B4. Altdeutsche Hirschgeweihe und braune Holzvertäfelungen zieren hier die Wände. Sogar die Böden sind flächendeckend hellbraun vertäfelt, sodass ich mich wie in einer gigantischen rustikalen Holzkiste fühle. In dieser Kiste empfängt mich Ingeborg Backhaus, die Vorsitzende des Erfinderclubs Schleswig-Holstein e. V. Sie ist in den Fünfzigern und trägt die Signalfarben Rosa, Hellblau, Rot und Grellblond auf Mund, Haar und Kleidung. Sie wirkt sehr aufgeschlossen, erzählt von mehreren Wohnorten in Südafrika und Florida und von verschiedensten Selbstständigkeiten, aktuell ist sie Besitzerin einer Lagerhalle auf Sylt.

Neben ihr sitzen mehrere Männer, die alle sehr ordentlich und korrekt wirken und mich höflich mit einem festen Handschlag begrüßen.

»Hocherfreut, mit Ihnen über unsere Erfindungen zu sprechen«, höre ich immer wieder.

Ja, das bin ich auch, schließlich ist das Erfindertum etwas typisch Deutsches. Aktuell sind wir Europameister in Sachen Patentanmeldungen. Während die Franzosen nur 11 000 und die Briten sogar lediglich 7000 Patente im Jahr anmelden, bringen wir es auf unglaubliche 30000 Patente jährlich. Ingeborg Backhaus erklärt mir den Grund für diese Erfinderwut. Ihr zufolge sind wir Deutschen, kulturell gesehen, eher kopfgesteuert, sind also eher das Land der Dichter und Denker, der Ingenieure und eben auch der Erfinder statt das Land der heißblütigen Sambasänger und -tänzer. Und dann, so erzählt sie mir, gibt es da dieses einzigartige Hochgefühl, diesen herrlichen Kick, wenn man etwas erfindet und das tatsächlich funktioniert. Dieses Gefühl ist angeblich besser als jeder Rausch. Zumindest für uns Deutsche!

Das kann ich aufgrund einer kleinen Straßenumfrage auf dem Neumünsterer Markt kurz vor dem Treffen bestätigen. Die Leute dort erzählten mir stolz von ihren eigenen kleinen Erfindungen: zwei Mädels von der Kreation bestimmter Choreografien, ein Kind von der angeblichen Schöpfung eines Pferdes (wow, ich bin beeindruckt!) und ein Mann von der Erfindung kleiner Haushaltsgeräte wie einer Lampe, die man per Fuß anstatt per Hand ein- und ausschaltet. (Hatte er den Schalter am Kabel etwa auf den Boden gelegt?)

Aber zurück zum Kreis der Tüftler. »Her mit den Erfindungen!«, rufe ich euphorisch Frau Backhaus zu. Die Herren im Saal schauen mich etwas verwundert an, und auch das Hirschgeweih scheint seine Stirn in Falten zu legen.

Nun gut, es kommt trotzdem zum Erfindungs-Showdown: Auf Platz drei der Toperfindungen schafft es der kippsichere Tortenheber. Mit einer zwei Zentimeter langen Nadel sticht dieser in das Tortenstück und hält es somit stabil, bis es auf dem Teller platziert werden kann.

Auf dem zweiten Platz liegt meiner Meinung nach die Allzweckklemme, die einfach alles überall dort anklemmt, wo bislang nichts angeklemmt werden konnte. Es handelt sich dabei um ein griffiges kleines Gerät mit einer wenige Zentimeter großen Öffnung für die zu fassenden Gegenstände, einer zweiten Klemmoption, um die Gegenstände am Tisch zu befestigen, sowie einer zusätzlichen Halterungsmöglichkeit mit Klettverschluss. Ich teste das Gerät mit einer gelben Kunststoffbanane, einer roten Plastikkirsche und einem Tisch. Alle drei Teile können irgendwie aneinandergeklemmt werden. Unglaublich!

Doch der unschlagbare Sieger der neuesten schleswigholsteinischen Erfindungen ist und bleibt der wunderbare Bierflaschenprotektor.

Mit diesem Gummiaufsatz wird Biertrinken aus der Flasche endlich sicher. Keine lästigen Probleme mehr mit der gewaltbereiten Ehefrau, die einem beim abendlichen Bier plötzlich die Zähne ausschlagen möchte, auch keine Gefahr mehr, wenn man mit der Bierflasche im Mund gegen den Schrank läuft. Ja, der Bierflaschenprotektor schenkt dem Biertrinker die nötige Sicherheit und Entspannung, die er sich lange ersehnt hat. Der Gummiaufsatz dient als eine Art Puffer zwischen Zahnreihe auf der einen Seite und Bierflasche/Aggressor/Schrankwand auf der anderen. Egal, wie fest man gegen die Bierflasche donnert – so der Erfinder –, die kostbaren Zähne werden nicht beschädigt, ebenso wenig spritzt Blut oder kommt es zu sonstigen störenden Biertrinkbegleiterscheinungen. Der Gummipuffer dämpft die Kräfte ab und lenkt sie eher gegen das Zahnfleisch als gegen die Zähne. In einer Zeitlupenvariante teste ich das Ganze gemeinsam mit einem der Erfinder aus. Und unglaublich: Meine Zähne sind noch da!

Ich bin beeindruckt und weiß den Titel »Patenteuropameister« nun erst richtig zu würdigen. Wir haben diesen Titel *verdient*.

Doch dann die Wende im Erfindungsspektakel. Zunächst führt mir Hartmuth Drews eine Videoanimation von einem Wasserrad vor, das auf offenem Meer treibt und dabei Elektrizität erzeugt, genial einfach durch die Wasserströmung. Diese neue Möglichkeit der Stromgewinnung imponiert mir schwer.

Dann wird es rasant. Klaus Gattinger führt mir seine Turboraketenschuhe vor. Er fährt im Saal des Restaurants mit inlineskateähnlichen Schuhen umher und knallt durch sein Tempo fast gegen die leeren Büfettkästen. Es fällt auf: Er macht keine Vorwärtsbeinschwünge! Ebenso wenig ist ein Motor zu erkennen. Ein Wunder? Ich sehe ihn lediglich leichte Auf- und Abwärtsbewegungen mit den Füßen machen, so, als wolle er eine Treppe hochsteigen. Wahnsinn, mit dieser Technologie kann man so richtig Tempo machen, ohne dabei viel Kraft aufwenden zu müssen.

Wigge: »Herr Gattinger, können Sie mir diese Technik an meinen Tretroller bauen? Ein bisschen Steppen und zack, bin ich in Süddeutschland gelandet?«

Gattinger: »Nee, kann ich nicht. Das ist ein Prototyp.«

Gerhard Winter, ein netter ehemaliger Surfschulbesitzer kommt hinzu.

Winter: »Ich hab da aber was für Sie zum Tretrollern, eine Überraschung!«

Ich bin total überrascht und gerührt, dass der Erfinderclub mir bei der Weiterfahrt helfen möchte. Was wohl nun kommt? Vielleicht ein Tretrollerprotektor, damit man problemlos das Ding gegen das nächste Hirschgeweih schmeißen kann, wenn der Rücken wieder wehtut? Falsch. Herr Winter schnürt mir eine Spezialweste um und steckt mir in den hinteren Teil ein 2,50 Meter großes Surfsegel hinein, damit ich bei Rückenwind quasi fliegen kann.

Ich kann es kaum glauben, eine solche Vorrichtung geschenkt zu bekommen, bin total begeistert und dankbar und sehe meine 80-Tage-Challenge nicht mehr länger in Gefahr – ab jetzt muss nur noch der Wind mitspielen!

Am nächsten Morgen bin ich bereit, auf große Segelfahrt zu gehen. Alles sitzt und ist parat. Jetzt geht's ab wie im Flug! Jipiiieh!

Doch nichts passiert. Ich stehe auf einer Dorfstraße im Nebel, und das riesige Segel mit seinem Gewicht macht das Herumstehen nicht gerade leicht. Es weht einfach kein Wind. Einen Tag früher hätte ich das halbe Land durchquert, heute: nix. Kein Hauch von einem Wind, keine Brise, nicht einmal ein laues Lüftchen. Alles liegt totenstill da. Das Segel verschwindet wieder im Wohnmobil, und ich bestreite meine nächste Tagesetappe auf klassischem Weg.

Ich habe mir sehr weite 63 Kilometer bis zu meinem nächsten Halt vorgenommen, dem tiefsten Punkt unseres Landes. Dort hinzugelangen kann wohl nicht so schwierig sein, schließlich sollte es immer schön bergab gehen.

Ich mache nach einer Stunde und den ersten 15 Kilometern einen Zwischenstopp in einem der Lebensmittelgeschäfte, die in den kleinen Dörfern Norddeutschlands nur noch selten zu finden sind. Bislang bin ich bestimmt durch 25 bis 30 dieser Dörfer gerollert und habe sie hauptsächlich als zwar idyllisch, aber auch ziemlich tot wahrgenommen. Die Dorfkneipen schienen alle geschlossen, und so gut wie nirgends gab es mehr kleine Läden, die Infrastruktur und einen sozialen Mittelpunkt bilden würden. Die Städte mit ihren Discountern scheinen das Geschäft übernommen zu haben.

Irgendwie ein trauriges Bild. Und es wird sogar erwartet, dass Deutschlands Dörfer noch weiter schrumpfen, denn bis 2050 soll unsere Bevölkerung um zehn Millionen Menschen abgenommen haben. Schon heute macht es sich bemerkbar, dass die jungen Leute abwandern, dass durch geringere Einwohnerzahlen auch die Steuereinnahmen sinken und damit in diesen kleinen Gemeinden weniger Geld für Straßenbau, Abwasser und Schulen übrig ist. Sogar für routinemäßige, dringend notwendige Infrastrukturmaßnahmen soll mancherorts inzwischen das Geld zu knapp sein.

Ich spreche mit Detlef Klages, Anfang 50 und Inhaber eines der mittlerweile raren Dorfläden im Örtchen Gnutz. Er erzählt mir, dass es sich finanziell nicht mehr rentiert, so einen Laden am Laufen zu halten, obwohl während unseres Gesprächs zahlreiche Menschen in den Laden kommen. Er sagt, dass seine vierköpfige Familie nur dadurch ernährt werden kann, weil seine Frau ebenfalls arbeitet. Aber er führt den Laden schon seit 22 Jahren, es macht ihm einfach Spaß, und sein Geschäft ist so etwas wie der Mittelpunkt des Dorfes. Man kennt sich, trinkt zusammmen Kaffee und tauscht sich aus. Wenig später sitze ich rauchend (dazu später mehr) auf einer Parkbank und beobachte Herrn Klages, wie er einer Omi den Einkaufsbeutel an ihr Auto trägt. So ein freundliches, gemeinschaftliches Dorfleben ist heute sicher nur noch selten.

Nach 30 Kilometern mache ich an einer Bushaltestelle Pause, wechsele mein durchgeschwitztes T-Shirt und weiß, dass ich noch weitere 33 Kilometer vor mir habe. Es fängt an zu regnen. Ich rollere in einem riesigen roten Poncho weiter über das norddeutsche Land und sehe ziemlich albern damit aus. Ein Mann am Wegesrand ruft seiner Frau zu: »Schau mal, der Weihnachtsmann ist da! Hahahaha …!«

Es muss trotzdem weiter zum tiefsten Punkt gerollert werden, meine Wette ist sonst schnell verloren. Auch wenn heute einer dieser Tage ist, die mich schwer herausfordern. Kein Wind, kein Segel, dafür Regen und der Weihnachtsmann, dazu Beine wie aus Gummi und Schmerzen in der linken Achillessehne.

Der Grund für die Schmerzen ist einfach: Wie schon beschrieben, sollte man mit dem Unterschenkel im 90-Grad-Winkel zum Standbrett stehen, so, als würde man sich setzen wollen. Kein Problem, solange man Kraft hat. Sobald die Kraft allerdings nachlässt, fange ich an, mich vorne ans Lenkrad zu klammern, und genau dabei wird die Achillessehne überdehnt.

Ja, das ist am linken Fuß deutlich zu spüren, verzweifelt versuche ich immer wieder, mich in die Sitzhaltung zu quälen, schaffe es aus Ermüdung aber nicht mehr. Meine Muskeln machen einfach schlapp.

Es regnet immer noch, ich habe Durst, mein Liter Gemüsesaft, auf den ich schwöre, ist längst alle, und weit und breit ist kein Geschäft zu sehen. Total ermattet halte ich an einem Bauernhof und werde von einer bellenden Dogge freundlich empfangen. Was soll man anderes von ihr erwarten, wenn kurz nach Ostern plötzlich der Weihnachtsmann vor einem steht?

Annika Sören, eine Bäuerin in meinem Alter, öffnet die Tür und ist sichtlich misstrauisch, was ich da keuchend vor ihrer Tür will. Ich fasele etwas von Tretrollertour, tiefstem Punkt Deutschlands, fehlenden Geschäften in der Provinz und totaler Verausgabung und flehe, als ginge es um Leben und Tod: »Eine Flasche Cola, Saft oder Wasser, bitte. Ich zahl auch.« Frau Sören erkennt die dramatische Notlage nicht sofort und holt mir nur zögerlich eine Literflasche ACE-Saft aus der Küche. Ich sehe diese Flasche und verspüre ein Hochgefühl, ähnlich dem von Ingeborg Backhaus bei ihrer letzten Erfindung. Frau Sören bittet um einen Euro. Ich gebe ihr aus Dankbarkeit und Bedürftigkeit gleich zwei. Die Münze geht an der erneut wild bellenden Schnauze der Riesendogge vorbei. Hat sie die Münze nun verschluckt, frage ich mich. Nein, die mittlerweile etwas aufgetaute Frau Sören hat sie schon eingesteckt und möchte nun ein paar Details über meine Tretrollerreise wissen. Ich erzähle sie ihr schnell und kippe dann die Flasche gierig auf ex hinunter. Das folgende Gefühl muss selbst das Gefühl nach einer geglückten Bierflaschenprotektorerfindung bei Weitem übersteigen. Ich spüre den Fruchtzucker und die kühle Flüssigkeit durch meinen Körper fließen und werde schlagartig wieder munter. Bis zum tiefsten Punkt von Deutschland schaffe ich es heute noch, bin ich mir sicher.

Doch nun führt mich das Fahrradnavi immer öfter über Landstraßen, die ich mit dem Tretroller überhaupt nicht befahren darf. Hatte mir nicht dieser freiberufliche »Navi-Experte« gegen ein saftiges Honorar versprochen, eine Traumtretrollerstrecke fast ausschließlich über Fahrradwege zu erstellen? Tja, reingefallen, umsonst Geld ausgegeben. Jetzt eiere ich über eine Landstraße, wo Autos mit über hundert Sachen an mir vorbeirauschen.

Die letzten Kilometer sind ein einziger Kampf gegen Schwäche, Frust und Pein. Ab sofort zähle ich nur noch das Mantra »eins, zwei, drei, vier, fünf«, einmal links und einmal rechts. Bis zehn ist definitiv nicht mehr zu machen.

Immer wieder kommt mir dieser Navi-Experte in den Sinn, der vor der Abreise das Honorar noch einmal hochgeschraubt hatte, als ich den Dienstleister aus Zeitdruck nicht mehr wechseln konnte. Es war angeblich sooo viel Arbeit, die vorhandenen Google-Street-View-Karten komplett auf Fahrradwege zu korrigieren. Nun sind es heute schon 20 Kilometer Landstraße ohne irgendwelche Seitenstreifen. Würde dieser »Experte« vor mir stehen, ich würde ihn auf Ferdinand über jede einzelne von Deutschlands elenden Landstraßen hetzen! Die Fahrt darauf wird nämlich langsam zum reinsten Albtraum, hupende Raser düsen an mir vorbei und spritzen mich mit ihrem Fahrwasser ordentlich voll, sodass der rote Poncho langsam braun wird.

Auf den letzten fünf Kilometern gönnt man mir dann wieder Fahrradwege. Ich schalte meinen MP3-Player an. Cody ChesnuTT mit *Where Is All the Money Going?* dröhnt laut in mein Ohr und treibt mich an. Der gute alte Trick. Ich rollere nun wieder schneller. Meine Wut kanalisiert sich in Tempo. Ich schaffe es, 63 Kilometer! Tagesrekord.

Um sieben lege ich mich schlafen. Mein Körper ist total am Ende.

337 km

Film ab!

Der tiefste Punkt Deutschlands

Man möchte meinen, das Wort »tief« impliziert prinzipiell eine Art Tal oder zumindest eine Senke. Der tiefste Punkt Deutschlands hingegen kommt als leerer Parkplatz daher. Ich stehe also auf diesem trostlosen, noch nicht einmal geteerten Parkplatz und blicke auf einen Mast mit einem Schild:

»3,539 Meter unter Normalnull – Deutschlands tiefster Punkt«.

Soll das ein Witz sein? Habe ich mich 63 Kilometer hergeschleppt, um einen öden Parkplatz zu besichtigen? Was ich erwartet hätte, wäre eher in eine der folgenden Richtungen gegangen:

Deutschland höchster Berg: die Zugspitze mit 2962 Metern.

Die tiefste Landstelle der Welt: das Tote Meer an der Grenze zu Israel mit circa 420 Metern unter dem Meeresspiegel.

Die tiefste Meeresstelle: der Mariannengraben mit über 11 000 Metern unter Normalnull, wo bislang nur drei Menschen jemals waren.

Und hier hätten wir also den tiefsten Punkt Deutschlands. Wahrscheinlich liegt die gesamte Fläche der Niederlande tiefer als dieser eine Punkt. Was soll's. Zumindest kann man den Bewohnern des anliegenden Dorfs nicht vorwerfen, sie hätten diesen wichtigen Punkt Deutschlands nicht gewürdigt: Ein Parkplatz wurde geschaffen, ein Pfahl mit Tafel errichtet, Schaukästen, Bänke und Tische aufgestellt und sogar ein Touristenhäuschen gebaut. Es ist alles vorhanden, um mit der Zugspitze gleichziehen zu können – nur ist niemand da. Neben dem Parkplatz biegt ein Bauer in einen Feldweg ein. Ich frage ihn, warum man für dieses touristische Highlight nicht gleich einen 50-Meter-Gedenkstein errichtet hat. Seine Antwort: »Das hab ich doch alles vorgeschlagen, aber die Gemeinde hört ja nicht auf mich. Aber filmen Sie diese Aussage bloß nicht, sonst jagen die im Dorf mich durch den Mähdrescher.«

Ich treffe den Ehrenbürgermeister von Neuendorf-Sachsenbande, Herrn Ernst-Otto Prüß, und frage ihn das Gleiche. Er möchte von einem 50-Meter-Gedenkstein allerdings nichts wissen: »So wichtig ist der tiefste Punkt doch auch nicht.«

Oh nein! Der Ehrenbürgermeister weiß den tiefsten Punkt gar nicht zu schätzen! Also mache ich mich auf, um Unterschriften für eine Petition im benachbarten Örtchen Wilster zu sammeln. Ich spreche Leute auf der Straße an und verkünde ihnen, durchsetzen zu wollen, dass die Zugspitze in deutschen Lehrbüchern endlich gegen den tiefsten Punkt Deutschlands ausgetauscht wird. Das Ergebnis ist eindeutig: Alle zehn Befragten unterschreiben, ohne zu zögern. Einige Passanten feixen dabei amüsiert, andere nehmen die Sache sehr ernst und äußern ihre Freude über die längst überfällige Aufmerksamkeit für ihre Heimatattraktion. Jeder wünscht sich, dass ihr die lange vorenthaltene Ehre zuteilwird.

Ich gehe weiter und frage alle Passanten nach einer 1000-Euro-Spende für die nötigen baulichen Maßnahmen, inklusive des 50 Meter hohen Gedenksteins. Das Ergebnis an diesem Nachmittag: 2,50 Euro, welche kurz darauf diskret in meiner Kaffeekasse anstatt in den tiefsten Tiefen Deutschlands landen.

Zurück am Parkplatz, äääh, der tiefsten deutschen Tiefe, hole ich nähere Erkundigungen ein. Ein Mann, der hier gerade parkt, erzählt mir, dass es viel Drama um die ganze Sache gab, mit Sicherheit viel mehr als bei der Zugspitze. Die schleswig-holsteinische Gemeinde Freepsum hatte nämlich in den 1980er-Jahren einen eigenen tiefsten Punkt Deutschlands ausgerufen. Durch genaue Messungen bei den konkurrierenden Gemeinden wurde dann festgestellt, dass Freepsum nur 2,50 Meter unter Normalnull vorzuweisen hatte, also einen Meter weniger als Neuendorf-Sachsenbande. Trotz der eindeutigen Beweislage konnten die Freepsumer es aber anscheinend nicht lassen, die aufgebrachten Neuendorf-Sachsenbandener weiter zu sticheln. Deshalb soll man den Namen Freepsum auch heute am wahren Ort der Superlative besser nicht in den Mund nehmen, und auch ich werde mich ab sofort davor hüten.

Ich möchte diesem deutschen Glanzpunkt nun noch meine ganz persönliche Ehre erweisen und knie auf ihm nieder – nur eine Fußmatte trennt uns voneinander. Ich verbeuge mich, mein Mund berührt ihn (irgendwie fühlt er sich wie ein normaler Parkplatz an, aber egal). Ich küsse ihn andächtig. Ein unvergessliches Erlebnis. Tschüss, du tiefster aller Punkte Deutschlands! Du wirst unter vielen deutschen Höhepunkten sicher der Tiefpunkt sein, denke ich, während ich weiterrollere.

Bevor ich mich zu meinem nächsten Ziel aufmache, setze ich mich abends an die Bushaltestelle des benachbarten Brokdorf, das aus Funk und Fernsehen bestens bekannt ist, da in diesem 950-Seelen-Dorf das umstrittene Atomkraftwerk Brokdorf steht und hier in den 1970er- und 1980er-Jahren große Anti-Atomkraft-Demos abgehalten wurden. Dort sitze ich also, zur Linken der tiefste Parkplatz Deutschlands, zur Rechten das AKW Brokdorf. Ich halte eine glühende Zigarette in der Hand, weil ich es kurz vor Brasilien im Rahmen meines Belohnungsprinzips nicht lassen konnte, mir neben Cola, Kaffee und Kuchen auch eine Kippe zu gönnen. Besser Kippe als Süßkram, hatte ich mir eingeredet, aber nun hänge ich seit über einer Woche wieder regelmäßig an den Glimmstängeln, obwohl ich so stolz war, damit aufgehört zu haben. Und obwohl ich damit nicht zuletzt auch mein Tretrollerglück aufs Spiel setze. Trotz der letzten beiden Rekordetappen kann das Rauchen immer noch alles kaputt machen.

Und außerdem, wie sieht das denn aus? Ein Sportler, der mit einer Kippe auf seinem Tretroller sitzt – absurd. Detlef Klages in seinem urigen Laden hatte mir schon schmunzelnd eine Packung Kippen verkauft, mit den Worten: »Die sind ja sicher für den Roller, haahaahaa!« Ich weiß, es passt nicht, wie schnell ist man wieder in der

Sucht gefangen. Aus einer Kippe werden drei, und eine Woche später raucht man wieder 15 Stück am Tag. Ich weiß, ich muss da sofort raus. Kein Selbstmitleid, kein Belohnungssystem, keine Entschuldigung, keine Gnade. Sofort aufhören damit! Die halb volle Schachtel Zigaretten fliegt samt Feuerzeug in die Bushaltestellenmülltonne von Brokdorf.

Der Zwischenstand: Ich bin insgesamt 337 Kilometer gerollert, es sind zwölf Tage seit meinem Start vergangen. Macht etwa 30 Kilometer Tagesschnitt, das ist ungefähr das notwendige Tempo. Also bloß nicht durchs Rauchen an Boden verlieren!

 Film ab!

Tort(o)ur bis zur Hunde-Wellnessoase

Es stehen vier Tage Richtung Südosten ins niedersächsische Uelzen an. Stolze 240 Kilometer über Mölln und Lauenburg an der Elbe. Das möchte ich in der besagten Zeit schaffen, schließlich bin ich seit einem Abend wieder rauchfrei und mittlerweile auch ziemlich ordentlich trainiert.

Am ersten Tag geht es gut voran, ich steigere mich von 16,6 Kilometer- auf 20-Kilometer-Etappen. Gemäß meines Belohnungsprinzips mache ich also nach jeder Etappe eine Pause und gönne mir diverse Getränke – aber keine Zigaretten mehr!

Ich schaffe einen neuen Tagesrekord mit 66 Kilometern und schwanke völlig verausgabt in einen Supermarkt in Henstedt-Ulzburg. Die letzten 15 Kilometer hatten es in sich. Der Durst ist immer größer geworden, so groß sogar, dass ich mich an eine Episode meiner *Ohne Geld bis ans Ende der Welt*-Reise in Las Vegas erinnere, wo ich mich gefühlt habe wie der See Genezareth. In diesen See fließt konstant Wasser hinein, und kein einziger Fluss stiehlt es ihm wieder. Trotzdem sinkt der Meeresspiegel immer weiter ab, allein wegen der Verdunstung. Mir geht es heute ähnlich, mein Körper hat trotz vier Liter Flüssigkeit eine so hohe Verbrennung, dass ich von einem riesigen Durst geplagt werde. Manchmal habe ich ganze

Flaschen mit Wasser und Apfelschorle in mich hinein-geschüttet, und die Flüssigkeit war sofort weg.

Ich fühle mich schrecklich, als ich in den Henstedt-Ulz-burger Supermarkt taumle. Die letzten Kilometer hatte ich nur noch Limonadenflaschen vor Augen. Auch eine Cola-Werbung aus den 1980er-Jahren hat sich in meinen Gedanken breitgemacht, mit Leuten, die Getränke aus großen Flaschen hinunterkippen und superglücklich da-bei sind. Das absolute Nonplusultra ist also für mich ge-rade Flüssiges. Einige Passanten im Supermarkt schauen mich irritiert an, wie ich schwankend in die Getränke-abteilung stürme. Die Vorfreude, gleich einen Liter Ap-felschorle zu exen ruft ein extremes Glücksgefühl in mir hervor, wie ich es bislang nur selten erlebt habe. Es ist geradezu rauschhaft.

An der Kasse stehe ich dann mit wackligen Beinen vor dem Kassierer, der zeitlupenhaft das Wechselgeld aus der Kasse holt und mich fragt: »Alles okay mit Ihnen?«

»Ja, schon, aber ich hab so unglaublichen Durst!«, er-widere ich, vor Unruhe wippend, und strecke ungedul-dig meine Hand aus. Er muss mich für ziemlich durch-geknallt halten.

Vor dem Supermarkt fließt dann die Apfelschorle wie ein kalter Strom durch meinen Hals und meinen Ober-körper und elektrisiert meinen ganzen Körper. Ein tiefes Gefühl der Entspannung und Zufriedenheit macht sich in mir breit, einfach toll! Zum Glück müssen wir dieses starke Grundbedürfnis aufgrund unseres Wohlstandes nie so extrem spüren. Aber eins kann ich allen raten, die unglücklich, unzufrieden oder auch schon mal notorisch miesepetrig sind: einfach mal einen halben Tag nichts trinken, dabei Sport treiben und irgendwann so richtig durstig die Flüssigkeitsaufnahme feiern.

Darüber hinaus macht Sport an sich natürlich glücklicher. Ausdauersport hilft nachweislich, Glückshormone wie Serotonin und Endorphin auszuschütten. Seit dem Beginn meines Tretrollertrainings einige Monate vor Tourstart habe ich genau diese Veränderung bei mir selbst bemerkt: keine muffeligen Vormittage mehr, stattdessen bin ich viel unternehmungslustiger und stressresistenter, ganz wie es die wissenschaftlichen Studien zu diesem Thema behaupten. Also, Sport + Durst = Glück.

Am zweiten Tag meiner 4-Tages-Fahrt schaffe ich es nur auf 58 Kilometer, immer noch ein schönes Tagesergebnis, doch es gab drei Hindernisse:

1. Müdigkeit von Tag 1
2. Meine linke Achillessehne tut wieder weh. Ich nehme seit gestern deshalb ein linderndes Schmerzgel, aber ich muss höllisch aufpassen, dass ich meine linke Achillessehne so wenig wie möglich dehne.
3. Das elende Navi führt mich immer wieder auf Haupt- und Landstraßen. Lkws und Autos mit über hundert Sachen düsen an mir vorbei. Ich fühle mich auf Ferdinand ziemlich unwohl und verletzlich, obwohl ich mir sicherheitshalber schon eine Leuchtweste um den Rucksack geschnürt habe. Bloß nicht in unnötige Gefahr begeben wegen diesem Projekt und plötzlich von

einem Laster angefahren werden. Wenn man bedenkt, dass der Roller keine Straßenzulassung hat, wäre ich im Endeffekt sogar noch der Schuldige. Was nun? Wie konnte dieser Navi-Experte mir das antun, obwohl er genau wusste, dass ich mit einem Tretroller nicht auf Landstraßen fahren darf? Mag sein, dass solch eine Streckenberechnung nicht so leicht ist, wie ich es mir vorstelle, trotzdem bereitet mir das Ganze tierischen Ärger, und ich kann die betroffenen Fahrten nicht so genießen, wie ich es gerne möchte.

Abends im Wohnmobil erzähle ich Mechthild, dass es so nicht weitergehen kann. »Dann ruf ihn doch einfach an«, sagt sie daraufhin.

An diese Möglichkeit habe ich natürlich auch schon gedacht. Aber der Kontakt mit ihm ist mir als schwierig in Erinnerung geblieben. Von einem Telefonat mit ihm verspreche ich mir deshalb nicht viel, besonders weil ich ihm das Honorar schon voreilig überwiesen habe.

Egal, ich muss es tun. Als ich abends seine Nummer wähle, wird das unschöne Bauchgefühl stärker. Es klingelt. Es klingelt noch einmal. Plötzlich:

Navi-Experte: »Hallo, Navi-Experte hier.«

Wigge: »Hallo, Wigge hier. Es gibt da einige Probleme mit der Streckenführung.«

Navi-Experte: »Ich habe aber gerade wirklich überhaupt keine …«

Wigge: »Sie hatten schon öfter keine Zeit, es ist nun allerdings sehr wichtig, weil es viele Probleme gibt!«

Navi-Experte: »...«

Er antwortet nicht. Es herrschen fast fünf Sekunden Stille.

Wigge: »Sind Sie noch da?«

Navi-Experte: »Ja. Und was hab ich mit der Sache zu tun?«

In mir kocht Ärger und gleichzeitig Verzweiflung hoch. Sein ruhiger, unbeteiligter Tonfall und die fünfsekündige Pause würden mich am liebsten mitsamt Tretroller durch den Hörer zu ihm kriechen lassen. Doch auf gewisse Weise bin ich abhängig von ihm. Er hat alle Grunddaten auf seinem Computer, eine neue Person müsste sich erst einarbeiten, würde wieder viel Geld kosten, und ich würde ganze Tage verlieren.

Und er wagt es, mir die Frage zu stellen, was er damit zu tun hat?

Wigge: »Ich sage Ihnen mal, was Sie damit zu tun haben. Sie haben mir Tretrollerstrecken programmiert, auf denen ich mich zu großen Teilen auf Landstraßen bewege. Wenn mich einer anfährt, habe ich auch noch Schuld!«

Navi-Experte: »Ja, das war ein schwieriges Projekt. Ich hatte einige Bauchschmerzen dabei.«

Wigge: »Aber die Kohle konnten Sie problemlos annehmen.«

Am gleichen Abend kommen zwei neue Strecken testweise per Mail, die ich auf mein Navi laden kann. Mein finales Argument, dass er mittlerweile zum unfreiwilligen Hauptdarsteller in meiner Tretrollergeschichte wird, hat zu einem blitzartigen Sinnes- und Tonwandel geführt. Auf einmal schreibt mir der Experte, dass er mir eine schöne Nacht wünsche, und lässt sogar noch weitere Freundlichkeiten vom Stapel. Ich bin unglaublich erleichtert, dass ich ein letztes gutes Argument hatte, um dieses Drama zu wenden. Schade, dass es erst so weit kommen musste.

Ich muss sagen: Viel Sport mag das Stresslevel senken, aber nicht, wenn man auf Landstraßen tretrollert. In diesem Fall ist man nämlich genauso gestresst, als hätte man sich jahrelang von Chips, Currywurst und Pommes, gefolgt von drei Tüten Popcorn mit einem Eierliköreisbecher, ernährt. Ich war *richtig* gestresst!

Umso besser, dass diese Situation durch einen kleinen Eingriff gelöst werden konnte, ja, ich bin sogar ein wenig stolz.

Wenig später folgen weitere neue Strecken vom Navi-Experten, die mich besser zum Ziel bringen sollen. Ich freue mich über dieses kleine Happy End, doch als ich einige der neuen Strecken im Computer durchgehe, sehe ich, dass diese natürlich länger sind, weil sie die Landstraßen umgehen. Was, wenn aus 2473 Kilometern in 80 Tagen plötzlich 3000 Kilometer werden? Das wäre partout nicht zu schaffen!

Der dritte Tretrollertag ergibt dann 57 Kilometer, wieder ein gutes Ergebnis und zusätzlich eine idyllische und sichere Fahrt über Radwege, Feldwege und Seitenstraßen. Jetzt fühle ich mich endlich richtig wohl auf meinen Strecken, und die Musik im Ohr, die ich auf Landstraßen aus Sicherheitsgründen nie hören kann, trägt auch ihren Teil dazu bei.

Durch die Facebookverbreitung meiner Reise kommen nun auch immer wieder Leute an den Straßenrand, um mich zu »spotten«. Gestern war es der 18-jährige Henrik, der mich angefeuert hat, heute sind es Steffen und Dietke, zwei Azubis aus Hamburg, die mich am historischen Marktplatz und Eulenspiegelbrunnen von Mölln abfangen.

Das ist eine Supermotivation, besonders, da ich an diesem Tag die ersten 500 Kilometer Strecke vollmache. Abends im malerischen Lauenburg an der Elbe, das aus unzähligen Häusern des frühen 17. Jahrhunderts besteht, findet dann eine kleine Party im Begleitwohnmobil statt. Claudius und Florian, zwei Abiturienten, haben mich ebenfalls über Facebook ausfindig gemacht und stoßen mit Mechthild und mir auf die erste große Teilstrecke an. Sie freuen sich, mit mir zu feiern, denn beide haben meine Tauschreise und meine Reise ohne Geld gesehen und gelesen und wollen einfach alles wissen, was mir bislang passiert ist. Sie zitieren einzelne Stellen meiner vorherigen Reisedokus und -bücher, teilweise bis aufs Wort. Ich bin beeindruckt, viele Dinge hatte ich selbst längst vergessen. Ein tolles Gefühl, dass sich manche Leute so sehr dafür interessieren.

Auch wenn ich Claudius und Florian viel erzählen kann und sie viel für ihre eigenen Reisen lernen möchten, ist das Treffen ein Austausch. Die beiden erzählen mir von ihrer aktuellen Abiphase, davon, dass es keine Leistungskurse, wie ich sie kenne, mehr gibt, und davon, wie das Internet heute beim Spicken hilft – was es bei meinem Abi 1996 auch noch nicht gab.

Abi 1996, das ist schon 17 Jahre her, denke ich, während Florian und Claudius das nächste Bier euphorisch öffnen und dabei eine Textstelle von einer meiner Reisen zum Besten geben. Wie können 17 Jahre nur so schnell vergangen sein? Ich erinnere mich noch genau daran, wie mein Direktor bei der mündlichen Englischnachprüfung sagte: »Wigge, tolle Textanalyse, aber eine Frage noch. Welche Sprache war das?«

Ich sitze Claudius und Florian gegenüber, lache und quatsche mit ihnen auf Augenhöhe, und doch bin ich schon doppelt so alt. Wie schnell das alles ging! Ich versinke ein bisschen in meinen Gedanken, höre im Hintergrund: »Yeah, Hawaii ... Wahnsinn, Antarktis ... hahaha!«

Ich glaube, meine letzten 15 Jahre waren so vollgepackt mit Abenteuern, dass diese gute Zeit einfach dahingeflogen ist. Obwohl ich mich immer noch so jung wie beim Abi fühle und mich auch als jungen Typen sehe, ich bin es einfach nicht. Ich bin erwachsen. Mir kommt der absurde Gedanke, vielleicht mal ein richtig gelangweiltes Leben zu führen, da bei Langeweile die Zeit schließlich viel langsamer vergeht. Um Himmels willen, nein. Da ich nicht an Wiedergeburt glaube, möchte ich mir am

Ende meines Lebens nicht vorwerfen müssen, das Leben verpasst zu haben. Du machst das richtig, beruhige ich mich. Aber scheinbar vergeht bei all dem Aktionismus die Zeit einfach schneller, genauso wie einen bei großem Durst und Flüssigkeitsaufnahme die pure Ekstase überkommt.

Mit Florian und Claudius war es ein schöner und langer Abend, doch er bringt einen schwierigen Folgetag mit sich. Ich muss in meiner vierten Etappe bis nach Uelzen noch genau 60 Kilometer zurücklegen. Die Strecke fahre ich langsam, es fehlen mir Motivation und Kraft. Mehr als zwölf Kilometer pro Stunde werden es meist nicht, ein paar Tritte links, ein paar Tritte rechts, und dann wieder schieben. Seiten- und Gegenwind kommen hinzu. So viel Rollern am Stück ist einfach zu viel.

Außerdem muss ich immer wieder an Florian und Claudius denken, irgendwie erinnerten sie mich an meine Abizeit – die Euphorie und der Optimismus, mit dem man nach vorne schaut, und die Neugier, mit der man alles in sich aufsaugt. Ob ich mir genug davon bewahrt habe? Heute fallen mir deshalb am Wegesrand besonders viel ältere und jüngere Menschen auf, die ich aufgrund des Altersunterschieds zu mir wahrnehme. In Lauenburg sitzt ein alter Mann mit einem Rollator kurz neben mir an einer Bushaltestelle. Diese Generation fällt mir auf meiner Reise durch das deutsche Landleben sowieso stark auf, da sie im großstädtischen Berlin und auch in den Medien nur selten vorkommt. Dabei gibt es in Deutschland aktuell viel mehr 50- als 30-Jährige. Der

Anteil der 70-Jährigen in der Bevölkerung ist ebenfalls viel höher als der von 15-Jährigen.

Mein Lebensstil und mein Lebensumfeld scheinen mich dahingehend beeinflusst zu haben, mir keine Gedanken über die Alten unserer Gesellschaft und das Altern selbst zu machen. Leute wie ich können leicht der Illusion erliegen, dass alles so bleiben wird, wie es ist, für immer. In Wahrheit jedoch rasen wir alle mit Höchstgeschwindigkeit auf einem kurzen Zeitstrahl Richtung Alter. Viele von uns packen sich so voll mit Berufsplanungen, Karrieresorgen, Erwartungen des Umfelds und eigenen Erwartungen sowie mit banalen Pflichten, wie täglich den Fußboden saugen zu müssen, dass sie diese Gedanken erfolgreich verdrängen können und plötzlich am Ende des Zeitstrahls stehen. »Ups, wie kann das sein? Jetzt schon?«, kommt dann die fassungslose Frage.

Während ich über einen schier endlosen geradlinigen Bahndamm tretrollere, sehe ich mich selbst als Kind im Mittelmeer schwimmen, als Jugendlicher mit Stirnband in der Menge vor Dr. Alban tanzen (ja, es ist peinlich!) und als Erwachsener einen Tretroller durch Deutschland jagen. Alles Vergangene scheint erst gestern gewesen zu sein. Mir wird klar, dass wir alle nur sehr kurze Zeit auf dem Planeten Erde haben und dass jeder nicht genossene Tag, jeder Tag mit Wut über den Navi-Experten und auch jeder Tag, der nicht gewürdigt wird, eine verpasste Chance ist.

Ich denke an mein Hobby Astronomie, das mich schon seit meiner Kindheit fasziniert, dann leider durch unseren Nachbarn ins Stocken geriet, weil er sich durch mein vermeintlich auf ihn gerichtetes Teleskop bedrängt fühlte. Auf jeden Fall kommen mir beim Blick ins Weltall immer die folgenden Dinge in den Sinn, die mir helfen, bewusster zu leben:

1. Wir sind so verschwindend klein in diesem beinahe endlosen Universum, dass wir uns zuallererst bloß nicht zu wichtig nehmen sollten.

2. Auch wenn außerirdisches Leben bei Wissenschaftlern mittlerweile als sehr wahrscheinlich gilt, sind die meisten der bislang entdeckten Planeten ziemlich öde: riesige Gasplaneten, kalte Eisklötze oder heiße Gluthöllen wie die Venus. Bis jetzt gibt es demnach kaum etwas, das an die Schönheit unserer Erde und an unser Leben auf ihr heranreicht – an die Atmosphäre, die das Wasser, die Pflanzen, die Jahreszeiten und all die Lebewesen möglich macht. Zwar sind mittlerweile angeblich erdähnliche Planeten entdeckt worden, wie etwa die 2013 aufgespürten Exoplaneten Kepler-62e und Kepler-62f. Doch ob dort tatsächlich Bedingungen wie bei uns auf der Erde herrschen, bleibt allen genauso unklar wie die Frage, ob ich diese 80-Tage-Challenge durch Deutschland schaffen werde oder nicht.

Auch wenn wir uns also zwischen den Abermilliarden Planeten nicht zu wichtig nehmen sollten, die Besonderheit unseres Planeten und unseres Menschseins sollten wir doch täglich zu schätzen wissen und immer wieder aufs Neue genießen. Diese Sichtweise hilft mir dabei, den kurzen Zeitstrahl meines Lebens so intensiv und bewusst wie möglich zu erleben.

Auf einmal merke ich, dass ich nach wie vor auf dem hubbeligen Bahndamm rollere und weit weg von interstellaren Angelegenheiten bin. Es ist Mitte April, ich rieche das frisch gesägte Holz und das Frühlingsgras am Wegesrand, höre die ersten Vögel, die sich dieses Jahr zu Wort melden, und freue mich. Heute sind es 36 Jahre und genau 200 Tage, und ich bin gerade absolut bei mir! Wie viele Jahre es wohl noch werden?

Kurze Zeit später schiebe ich Ferdinand einen steilen Berg hoch und ziehe mich mit letzter Kraft an einem Geländer hoch, so erschöpft bin ich. Ein 80-jähriger Mann kommt mir entgegen, lacht und sagt: »Ja, hier bin ich heute auch schon hoch, nicht ganz leicht!« Ich stelle fest, dass mein kurzfristiger physischer Zustand mir einen kurzen Einblick in ein Körpergefühl erlaubt, dass ich selbst eines Tages haben werde, sofern ich überhaupt die 80 erreiche. Dann ist man nicht etwa durchs Tretrollerfahren erschöpft, sondern schon jede kleinste Bewegung kann schwierig sein, Tag für Tag. Ich denke darüber nach und bin sehr froh über meine beinahe jugendliche Leistungsfähigkeit.

Dann die Begegnung mit der entgegengesetzten Seite des Altersspektrums: Auf einem Fahrradweg rollere ich mit abgekämpften 15 Kilometer pro Stunde dahin, als mich ein etwa achtjähriger Junge auf einem viel zu großen Damenfahrrad überholt, auf dem er nur stehend fahren kann. Irgendwie stachelt mich das an, ich grüße freundlich mit »Moin, Moin«, doch der Junge schaut sich nicht einmal um und lässt mich wortlos zurück. Mein Ehrgeiz ist gepackt, hier nicht noch den letzten Rest meiner Würde zu verlieren, also schiebe ich Ferdinand mit dem linken Bein nach vorne und dann kräftig mit dem rechten Bein, und wieder links und wieder rechts. Ich schaffe eine geringfügige Temposteigerung, komme langsam an den Jungen heran, doch der schaut sich kurz um und tritt härter in die Pedale. Nein!!! Um gar keinen Preis will ich von einem Achtjährigen zurückgelassen werden und schiebe mich jetzt mit aller Gewalt weiter nach vorne.

Mittlerweile sind es 18 Kilometer pro Stunde, ich höre mein Herz laut schlagen, meine Beine fühlen sich noch tauber an. Es hilft alles nichts, der Junge bleibt vorne und biegt kurz darauf in ein Tor zum Haus seiner Eltern ein. Beim Vorbeirollern treffen sich unsere Blicke. Dieses schelmische Grinsen, weil er es dem Großen auf einem für ihn so nachteiligen Fahrrad gezeigt hat – es schreit »Ätschi«.

Ja, das hätte wohl ich sein können, vor knapp 30 Jahren, ich liebte es, den Erwachsenen Streiche zu spielen. Gerade muss ich daran denken, wie ich in dem Alter mit Freunden von Haustür zu Haustür in unserer Kleinstadt gezogen bin, um den fiktiven »Klaus« zu besuchen. Natürlich gab es nirgends einen Klaus, aber oftmals wurden wir von lieben Omis zum Kuchen reingebeten. Das geheime Ziel war dann, den Freund vor der Omi beim Kuchenessen zum Lachen zu bringen. Es war wirklich lustig und irgendwie absurd.

Nachdem ich dann heute wirklich gerade noch so die 60 Kilometer bis Uelzen mit viel Treten, Schieben, Sitzen, Trinken und wieder Treten erreicht habe, macht das stolze 241 Kilometer in vier Tagen, was ich übrigens nie mit einem Glimmstängel im Mund geschafft hätte. Puuuuuuh …

Ich bin also im Bundesland Niedersachsen angekommen. Stellt man sich Deutschland als einen Mann vor, hat man oben Norddeutschland, auf seiner linken Schulter die Nordsee, rechts die Ostsee und im Unterschenkel irgendwie Bayern. Demzufolge bin ich wohl am Scheitel losgerollt und fahre gerade Richtung Herz, mal schauen, was das zu bedeuten hat.

Mitten im Herz des Mannes liegt das 30 000-Einwohner-Städtchen Uelzen, wo ich am nächsten Vormittag nach einer Wohnmobilnacht neben dem Bahnhof einen Hundesalon betrete. Hier möchte ich mir die Hundeliebe der Deutschen näher anschauen, stellvertretend für die allgemeine Haustierliebe. Schließlich gelten wir Deutschen als absolute Haustier-Lover.

Hier die Hard-Tier-Facts:

1. Jeder dritte deutsche Haushalt besitzt ein Haustier.
2. Die meisten davon sind Katzen (8,2 Millionen).
3. Danach kommen die Hunde (5,4 Millionen).
4. Insgesamt geben wir Deutschen jährlich knapp drei Milliarden Euro für Haustierfutter aus.
5. Das macht für jeden Bundesbürger (inklusive Babys, Kinder, Omis) genau 35 Euro pro Jahr.

Grund genug, um bei der Hundesalonbesitzerin Cornelia Sievers genauer nachzuschauen, wie weit die Tierliebe geht und warum sie so stark ist.

Ich betrete einen komplett gelben Hundesalon. Ist das etwa die Farbe, die Hunde glücklich macht beziehungsweise Hundehalter dazu antreibt, eines der durchaus kostspieligen Hundeaccessoires zu kaufen? Mir fällt sofort ein kleiner, weißer Havaneser-Mischling auf, der von seinem Frauchen in einem 500 Euro teuren Doggy-Buggy in den Salon chauffiert wird. Unglaublich, dass dieses Tier von mir nun sein 250 Euro teures Jäckchen angezogen bekommt, aber als Hundefan habe ich versprochen, dass ich mich tatkräftig an die deutschen Hundeliebesitten anpassen möchte. Doch irgendetwas blockiert mich. Ich schiebe den Hund, ziehe am frisch frisierten Beinchen, wickele das Mäntelchen und drehe vorsichtig das kleine Hundeköpfchen, bis mich der irritierte Blick von Katharina, seinem Frauchen, trifft. Ich schaue runter zum Havaneser-Mischling. Er sieht unglücklich aus, das Mäntelchen ist genau falsch herum angezogen. War das nun ungeschickt oder unterbewusst unwillig?

Ich widme mich daraufhin mit Cornelia einem tibetanischen Langhaar-Berghündchen, genauer, einem Lhasa Apso, dessen Rufname »Manni« lautet. Manni hat so lange Haare, dass sie (ja, sie ist weiblich) leider keinen Zentimeter weit schauen kann. Aber wen stört das schon? Hundeliebe muss ja nicht unbedingt einwandfreie Sicht für den Hund bedeuten. Nun komme ich wieder ins Spiel. Cornelia legt mir einen Fleischerkittel um, damit ich den Lhasa Apso mal so richtig feste mit einer Thalasso-Massagepackung massieren kann. Cornelia erzählt mir, dass die früheren Hundegenerationen sich noch selbst regenerieren konnten, durch Kratzen an Bäumen oder Ähnlichem, aber heute ist das angeblich leider nicht mehr möglich für die armen Hündchen, daher die Notwendigkeit von Thalasso-Schlamm-Massagepackungen mit peelender Wirkung. Ich spüre während der Massage, dass diese Tätigkeit nicht meinem Naturell entspricht. Manni schaut mich derweil gelangweilt an, ich schaue ratlos achselzuckend zurück. Danach heißt es shampoonieren, ebenfalls begleitet von einer Massage, gefolgt von Haarekämmen und Haareschneiden, da die langen Haare eines Lhasa Apso genau wenige Millimeter über dem Boden enden sollen.

Auf meine Nachfrage, ob es nicht gaaaanz eventuell sein könnte, dass die deutsche Hundeliebe doch eeeeeetwas weit geht, erklärt mir Cornelia, dass das noch lange kein Vergleich zu Japan sei, wo es Partys gibt, auf denen die Hunde als Puppen verkleidet sind. Ich schaue den Havaneser-Mischling an, wie er noch immer im verknoteten 250-Euro-Mäntelchen vor mir steht und nicht weiß, warum er den Kram anhat. Wäre er vielleicht lieber eine Hundepuppe? Weder der Havaneser-Mischling noch der Lhasa Apso können es mir erklären.

Dann wird es wissenschaftlich: Cornelia, die übrigens sehr liebevoll mit den Hunden umgeht, hat heute ein Fotoshooting mit verschiedenen Frauchen und deren Hündchen. Schließlich möchte man diese Symbiose für die Ewigkeit festhalten. Zunächst sitzen Katharina und ihr Mischling in dem kleinen Fotoset im Hinterzimmer des Hundesalons. Blitzlichter hellen den Raum auf, und im Sucher der Kamera erkenne ich, was Hund und Frauchen verbindet: Sie sind zu so etwas wie einem Zwillingspärchen verschmolzen. Katharina ist eine gepflegte ältere Dame mit einem Gesichtsausdruck, der ihrem Hündchen absolut ähnelt. Ist das ein Einzelfall? Kurze Zeit später setzt sich Claudia, die Besitzerin einer Hundeschule, mit ihrem geliebten Golden-Retriever-Mischling vor die Kamera. Unglaublich: Beide sind blond, ähnlich gekämmt und schauen mit dem gleichen Blick in die Kamera. Verdutzt schaue ich zwischen beiden hin und her – wer war jetzt noch mal wer? Verzeihung, Claudia, ich krieg's gerade noch hin.

Dann kommt Tatjana vor die Kamera, die Frau des örtlichen Zahnarztes, gut aussehend, mit rötlichen Haaren und spitzer Nase. Mit dabei: Chiara, ebenso gut aussehend und mit rotbraunem Fell und spitzer Nase. Ich bin total baff, der Beweis scheint erbracht: Hunde und ihre Halter enden in der Regel in einer Totalsymbiose, was wohl auch erklären dürfte, warum es Thalasso-Packungen und Ohrläppchenmassagen für die Kleinen gibt. Wir geben unserem Zwilling, was wir selbst gern haben möchten. Dient diese Symbiose vielleicht auch der Bekämpfung des Alters? Und das Zwillingsfotoshooting dem Festhalten der ewigen Jugend? Leider bleiben mir alle auch in dieser Frage eine abschließende Antwort schuldig.

Der Tag im Hundesalon hat sich wirklich gelohnt, Cornelia hat großartige Hundeliebe bewiesen und trotz meiner Tollpatschigkeit bei den Thalasso-Packungen sogar eine gewisse Wigge-Liebe gezeigt. Danke. Ich mag Hunde nach wie vor und möchte gerne alle Hunde aus dem Hundesalon »Sonnenfell« in einem offenen Brief ansprechen:

Liebe Doggys, liebe kleine Schnutzihäschen, Knutschiknuddels und Hundejackenträger,

es war sehr schön, einen Einblick in Euer Leben zu bekommen. Ich wünsche Euch von Herzen ein wenig Entspannung zwischen den tollen Thalasso-Massagepackungen und dem schönheitsfördernden Wellnesstraining, aber gönnt Euch auch mal eine Woche Pause. Liebe tibetanische Bergpudel, lauft in Eure Berge, egal, wie weit es ist, lauft einfach, immer geradeaus und immer schneller, es wird sich lohnen. Lauft einfach so lange, bis Ihr im tibetischen Höhenlager irgendwo zwischen Reinhold Messner und dem Yeti Eure Natürlichkeit zurückerlaufen habt. Danach macht es im Hundebuggy mit Hundemäntelchen auch wieder richtig Spaß!

Hochachtungsvoll
Euer sportlicher Kampfhund Michael Wigge

Nun ist es an der Zeit, zu entspannen und zurück auf das durchquerte Bundesland zu schauen. Dazu folgt hier eine Auflistung der Orte in Schleswig-Holstein, in denen ich im Wohnmobil übernachtet habe und die etwas Besonderes zu erzählen haben:

Niebüll

Niebüll in Schleswig-Holstein hat lediglich rund 9000 Einwohner und sieht eigentlich sehr normal aus, außer: Man kann direkt im Zentrum mit dem Wohnmobil parken und aufgrund der Eiseskälte von nahezu minus zehn Grad sogar die ganze Nacht den Motor laufen lassen, ohne dass sich irgendjemand beschwert. Respekt, Niebüll!

Bredstedt

Das 5000 Einwohner zählende Bredstedt könnte man gemeinerweise als unglaublich langweilig bezeichnen. Schauen wir lieber, was Bredstedt so bewirkt hat: Ein Schiff der Bundespolizei See/Cuxhaven heißt *Bredstedt*, und das nur wegen dieser Stadt. Wow!

Gettorf

Dieses 6000-Einwohner-Örtchen ist Rock ’n’ Roll, in der Fußgängerzone am Alexanderplatz steht nämlich eine Teufelsstatue. Jener Teufel soll den sogenannten Teufelsstein, der heute in der Nähe von Kiel bei Großkönigsförde zu bewundern ist, auf den Gettorfer Kirchturm geworfen haben. Glücklicherweise wurde die Wurfbahn von Gott geändert, sodass der Stein den Kirchturm letzten Endes nur streifte, weshalb er bis heute eine leichte Neigung vorzuweisen hat.

Neumünster

Beim Übernachten in der Fußgängerzone fällt auf: Alle Bäume am Marktplatz tragen gehäkelte Wolljacken mit unterschiedlichen Mustern. Mal ist der Stamm mit einem karierten Wolllappen ummantelt, mal als eine Art Streifenhörnchen verkleidet. Wahnsinn, Neumünsteraner, das nenne ich echte Naturliebe!

Brokdorf

Dieses 900-Seelen-Dorf an der Nordsee hat es in den 1970er- und 1980er-Jahren, wie bereits beschrieben, zur medialen Berühmtheit gebracht, da das anliegende Atomkraftwerk Anlass für Riesendemos gegeben hat. Heute geht es eher ruhig zu in dem Örtchen mit dem AKW am Horizont, denn die Gewerbesteuer des AKWs hat den Schildbürgern, ääääh, der kommunalen Verwaltung einige Gelder eingebracht. So sieht man hier zum Beispiel eine überdimensionale Eislaufhalle, die kaum benutzt wird, ein großes Sportkasino und drei Bushaltestellen auf der gleichen Straßenseite kurz hintereinander, damit niemand weiter als drei Meter gehen muss. Respekt, Brokdorf!

Wilster

Das historische Wilster befindet sich im Schatten des berühmten tiefsten Punkt Deutschlands. Obwohl es ungleich schöner ist (ist das zu glauben?), denn seine historischen Gässchen und auffällig freundlichen Menschen machen es zu einem sehr beschaulichen kleinen Städtchen.

Henstedt-Ulzburg

Diese Stadt mit knapp 27 000 Einwohnern wird im Volksmund auch »das schwarze Debakel« genannt, so zumindest meine Vermutung. Bei den Kommunalwahlen 2008 verlor die CDU saftige 21,76 Prozent der Wählerstimmen, hauptsächlich an eine freie Wählergemeinschaft. Das nennt man wohl lebendige Demokratie!

Mölln

Ja, das schöne Mölln. In meiner Phantasie wird die Stadt vom Volksmund auch »die Stadt mit den zwei Gesichtern« genannt. Warum? Zum einen gilt Mölln als Till-Eulenspiegel-Stadt – die Ulknudel hat dort wohl zeitweise ihr Unwesen getrieben und ist 1350 auch dort verstorben –, hat einen stattlichen Eulenspiegelbrunnen, der Glück bringen soll, und viele hübsche alte Häuser drum herum. Idylle pur herrscht hier allerdings nicht. Denn bis heute wird der Name Mölln immer wieder in einem ganz anderen Zusammenhang genannt: In der Nacht auf den 23. November 1992 wurde in Mölln ein Brandanschlag auf zwei von türkischen Familien bewohnte Häuser verübt. Dieses Verbrechen mit rechtsextremem Hintergrund erregte bundesweites und sogar internationales Aufsehen.

Lauenburg / Elbe

Eine wunderschöne historische Stadt. Man fühlt sich wie in einem Freilichtmuseum. Ich habe den Test gemacht: Wie viele Häuser, die zwischen 1600 und 1650 erbaut wurden, sehe ich innerhalb von einer Minute? Acht!

Uelzen

Diese niedersächsische Kleinstadt schmückt sich nicht nur mit dem Hundesalon von Cornelia, sondern auch mit dem ebenso exzentrischen Hundertwasserbahnhof, der vom österreichischen Künstler Friedensreich Hundertwasser zur Expo 2000 in Hannover entworfen wurde. Nicht spektakulär genug? Na gut, dann lesen Sie hier, was mir die Dame am Infoschalter des wunderschönen Bahnhofs hinter vorgehaltener Hand leise flüsternd über den unglücklichen Tod des Künstlers im Jahr 2000 erzählte:

Dame: »Hundertwasser war mit dem Kreuzfahrtschiff *Queen Elizabeth 2* auf dem Weg von seinem Wohnort Neuseeland nach Europa, um unter anderem endlich sein Bauwerk in Uelzen selbst zu bestaunen. Seine junge weibliche Begleitung hat ihn dann jedoch wohl so gefordert, dass der gute Hundertwasser angeblich durch eine Überdosis Viagra noch an Bord verstarb. So traurig, wir konnten unserem großen Künstler nie die Hand reichen! Hoffentlich hat er seine letzten Sekunden wenigstens genossen.«

Würde Hundertwasser ohne Uelzen also vielleicht noch leben?

 **Film ab!**

Die Volkswagen-Currywurst

Ich tretrollere in zwei Tagen von Uelzen nach Wolfsburg.
Am ersten Tag schaffe ich 66 Kilometer, den aktuellen
Tagesrekord also. Mich überholt ein Transporter, dessen
Fahrer mich während der Fahrt mit seiner Digicam filmt.
»Geil, so was Verrücktes hab ich noch nie gesehen. Hahahaha!«, ruft er aus dem Fenster. Er beschleunigt und
ist weg. Ich persönlich kann am gemächlichen Tretrollerfahren mit braven zehn Tritten links und zehn Tritten rechts nichts Verrücktes finden, fühle mich nun aber
angestachelt und überlege mir Kunststücke, die ich auf
Ferdinand vollführen kann. Als Erstes probiere ich den
»Sterbenden Schwan« aus. Ich beschleunige auf 20 Kilometer die Stunde, hebe meinen rechten Arm und mein
linkes Bein hoch in die Waagerechte und rollere wie ein
wackeliger Ballettstar so lange dahin, bis ich durch den
Tempoverlust beinahe auf die Schnauze falle.

Es folgt der höchste Schwierigkeitsgrad: freihändig
Roller fahren! Während Fahrradfahrer diese Kunst recht
leicht erlernen können, erfordert das freihändige Rollern
noch viel mehr Geschick. Zum einen sitzt man natürlich nicht auf einem stabilisierenden Sattel, zum anderen
kann man dadurch auch nicht mit beiden Beinen Spannung am Gefährt aufbauen. Immer wieder versuche ich,
kurz die Arme hochzureißen, komme aber jedes Mal so-

fort ins Schwanken und muss abbrechen. Doch dann der große Triumph: 0,8 satte Sekunden ohne Hand am Lenker! Bei 0,9 Sekunden liege ich im Straßengraben.

In der Tretrollerszene verdient man sich mit folgendem Kunststück bestimmt den notwendigen Respekt: mit verbundenen Augen durch einen Parcours fahren! Ich setze mir also eine Schlafbrille auf, nachdem ich vorher drei Holzscheite in circa zwei Meter Abstand in einer Reihe auf die Straße gestellt habe. Blind rollere ich los, lenke nach Gefühl links-rechts-links-rechts und halte wenig später an. Kaum zu glauben, ich habe die Holzscheite umfahren und bin nicht gestürzt!

Nach diesem unglaublichen Erfolgserlebnis folgt ein weiterer Tretrollertag mit lediglich 24 Kilometern bis zu meinem Zwischenstopp Wolfsburg. Kurz vorher versuche ich, in einem kleinen Ort ein weiteres erhabenes Erlebnis zu ergattern und erinnere mich an das verlorene Wettrennen gegen den achtjährigen Jungen. Auf der gegenüberliegenden Kreuzung sehe ich einen alten Mann auf einem Elektrorollator mit circa fünf Kilometern die Stunde in die gleiche Fahrtrichtung schleichen wie ich. Unweigerlich kommt dieser Drang in mir hoch, ihn besiegen zu müssen. Aber ist das moralisch okay? Ja. Ich pfeife auf den Altersunterschied. Die schmachvolle Niederlage gegen die Jugend rechtfertigt einen Sieg gegen den Opi. Zudem habe ich doch mittlerweile verstanden, dass die Zeitspanne zwischen Kind, Erwachsenem und Opi prinzipiell sehr kurz ist.

Bevor ich mich dem Elektrorollator-Opi nähern kann, muss ich mit Ferdinand jedoch die Dorfkreuzung überwinden. Die Fußgängerampel ist rot, Ferdinand und ich hüpfen ungeduldig hin und her, können das Grün nicht abwarten und schlängeln uns durch die im Weg stehenden Autos. Beim Einbiegen in die Showdown-Allee ist der Rollator-Opi plötzlich fort. Ich rollere hektisch weiter, schaue hinter einem Lkw nach und suche die beiden Bürgersteige bis zur nächsten Kreuzung ab – kein Elektromobil weit und breit. Ich bin sauer auf die Ampel, auf die Kreuzung und auf mich selbst, weil ich nun bereits das zweite potenzielle Rennen nicht habe gewinnen können.

In Wolfsburg angekommen, treffe ich mich auf Geheiß mit meinem Herausforderer Rolf Rische von der Deutschen Welle. Was will er nur? Mir ausreden weiterzufahren oder mich vor zu vielen Kilometern in zu kurzer Zeit warnen? Völlig falsch: Er übergibt mir netterweise einfach nur einen Beutel mit Energydrinks und Müsliriegeln und drückt mir die Daumen, dass ich den aktuellen Rückstand wieder gutmache, denn theoretisch müsste ich schon 67 Kilometer weiter sein. Ich liege zurück!

Abends trinke ich clevererweise die Energydrinks und kann durch das aufputschende Taurin im Wohnmobil, das direkt vor dem Wolfsburger Bahnhof steht, nicht einschlafen. Ich drehe mich von links nach rechts und fühle mich wie ein Flummi, der hin- und her- und rückwärts- und vorwärtsspringt, ohne aufhören zu können. An Schlaf ist nicht zu denken. Meine Kollegin Mechthild merkt im Nachbarbett, dass das gut gemeinte Energypaket den folgenden Tag erschweren könnte und sagt ganz trocken: »Schlaf doch einfach.« Danke.

Am nächsten Tag bin ich total kaputt, nicht nur müde, sondern auch erneut von starken Rückenschmerzen geplagt. Auf den 90 Kilometern von Uelzen nach Wolfsburg muss ich mir wieder irgendwie den Rücken verrenkt haben. Also geht es gebückt zum Orthopäden: Ich bekomme eine Ohrläppchenakupunktur, dann einen Rückenultraschall, dem wiederum eine Reizstrombehandlung folgt, bei der ich trotz leichter Stromschläge in den unteren Rückenbereich fast einschlafe.

Mit einem portablen Reizstromgerät in der Tasche schleppe ich mich nun durch Wolfsburg, denke immer wieder an die Rückenschmerzen und die Müdigkeit, muss mich aber auf mein achtes Thema konzentrieren: die deutsche Autoleidenschaft. Eigentlich kann sie mir im Moment gestohlen bleiben.

Direkt hinter dem Wolfsburger Bahnhof ragt die mächtige Volkswagen-Hauptzentrale mit ihren gut 50 000 Mitarbeitern hervor. Kein Wunder, das Unternehmen ist mittlerweile Europas größter Autobauer, 2012 zum Beispiel verkaufte es neun Millionen Fahrzeuge. Und der endlose Parkplatz entlang der Bahntrasse macht eines klar: In Wolfsburg ist wirklich jeder auf VW-Linie. Ganze 30 Minuten lang entdecke ich kein einziges Auto, das nicht zu Volkswagen oder den angekauften Automarken Skoda, Seat oder Lamborghini gehört. (Letztere Automarke habe ich zugegebenermaßen nicht erspäht.)

Mein Auftrag, mit einem Nicht-VW-Fahrer zu sprechen, entpuppt sich als unmögliches Unterfangen. Weit und breit nur Volkswagen, Volkswagen und noch mal Volkswagen. Müde und von Rückenschmerzen geplagt, ziehe ich durch die endlosen Autoreihen und frage einfach jeden der Passanten:

Wigge: »Fahren Sie eventuell nicht Volkswagen?«

Passant: »Hä? Natürlich fahre ich VW, wie jeder hier!«

Wolfsburg ist also eine Art VW-Sekte? Klingt verrückt, aber ein Busfahrer erzählt mir, dass die Leute einen tatsächlich schief anschauen, wenn man hier eine andere Automarke fährt. Das geht sogar so weit, dass die Zulieferer mit Lkws, die nicht von VW beziehungsweise MAN stammen, oftmals länger warten müssen, um ihre Fracht im VW-Werk abzuladen. Meinem Informanten zufolge sollte man zur Integration in die Wolfsburger Gesellschaft unbedingt Volkswagen fahren.

Irgendwann finde ich dann endlich einen Fiat-Fahrer. Er steht an einer Tankstelle und erzählt mir, dass er diesen Wagen nur ausnahmsweise fährt. Ein ähnliches Modell habe es nämlich bei Volkswagen noch nicht mit Autogasoption gegeben, so seine Erklärung. Und er beeilt sich zu sagen, dass er sofort wieder VW kaufen würde.

Doch es kommt noch dicker. Kurz darauf treffe ich mich, wie über Facebook verabredet, mit Aldo Amore (echter Name), einem 25-jährigen VW-Arbeiter, und seinem Kumpel Jan Kempa, der meine Reise im Internet verfolgt und mich am Bahnhof aufgespürt hat.

Sie berichten mir, dass die Übermutter Volkswagen in Wolfsburg quasi das ganze gesellschaftliche Leben regelt – angefangen bei der Volkswagen-Bank, über Volkswagen-Immobilien, die Volkswagen-Kindertagesstätte, die Volkswagen-Arena und Volkswagen-Konzerte bis hin zur Volkswagen-Currywurst. Angeblich sollen in Wolfsburg jährlich mehr Volkswagen-Currywürste als Autos produziert werden!

Ich kaufe also die Volkswagen-Currywurst sowie eine Flasche Volkswagen-Curryketchup in einem Supermarkt in Wolfsburg. Beide weisen ein eindeutiges VW-Branding auf der Verpackung auf, die Currywürste sogar eine Art weißes Tattoo des Automobillogos, hergestellt in der volkswageneigenen Fleischerei.

Mittlerweile ist es Zeit für ein Abendessen, und Mechthilds Aufgabe besteht darin, diese feine Currywurst auf einem Billigeinweggrill auf dem Bahnhofsparkplatz zuzubereiten, während ich kurz eine weitere Rückenreizstrommassage hinter mich bringe, um mich der exotischen Wurst auch mit der gebührenden Begeisterung widmen zu können.

Plötzlich höre ich, wie eine Frau laut zu ihrem Kind sagt: »Komm, das musst du dir nicht anschauen!«, während sie ihr Kind schnell wegzieht von Mechthild und ihrem Kampf mit der Wurst im Einweggrillnebel. Die empörte Dame möchte ihren zarten Sprössling scheinbar vor sozialen Missständen bewahren – vor obdachlosen Frauen, die im wohlhabenden Wolfsburg die heilige Volkswagen-Currywurst auf einem Wegwerfgrill mitten auf dem Bahnhofsparkplatz zubereiten, Himmel hilf!

Nach meiner Reizstromsession lasse ich die fertig zubereitete Luxuswurst spaßeshalber von einer jungen

Frau testen, die sich als Model vorstellt und voller In-
brunst in die Kamera sagt: »Wow, die schmeckt irgendwie schärfer und intensiver!«

Meint sie das wirklich, oder ist das der Volkswagen-
Sekten-Einfluss? Ich stelle mir vor, wie jeden Tag
50 000 Mitarbeiter in das große Volkswagenwerk mit
den vier großen Schornsteinen laufen und dort von einem Guru mit weißem Umhang, langen weißen Haaren
und einem großen VW-Tattoo auf der Stirn nacheinan-
der gesegnet werden mit den Worten: »Volkswagen sei
mit dir, so wie du mit Volkswagen seiest.«

Mir fallen Szenen aus dem Roman- und Filmklassiker *Die Zeitmaschine* von H. G. Wells ein, in dem ein
Zeitreisender in einer Welt landet, in der die hässlichen,
menschenfressenden Morlocks das Sagen haben. Diese
in unterirdischen Höhlen lebenden Wesen kontrollieren
die oberirdisch lebenden, willenlosen Eloi – eine Men-
schenrasse, die sich die Morlocks als Nahrung halten.
Wieso um alles in der Welt schweife ich auf einmal zu
grausamen Science-Fiction-Geschichten ab, wo ich doch
über deutsche Autoleidenschaft berichten soll? Energisch
streiche ich mir also die Morlocks wieder aus dem Kopf
und blicke durch die etwas trostlose Wolfsburger Fußgängerzone. Ich komme mit einer älteren Dame ins Gespräch, die mir von dem unglaublichen Welterfolg von
Volkswagen erzählt, von dem tollen Rundumpaket für
die Firmenangestellten, inklusive Auslandsaufenthalten,
hoher Löhne und Spaß- und Freizeitangeboten. Ihrer
Meinung nach gibt es weit und breit keine Morlocks. Ich
bin beruhigt.

Trotzdem erzählt sie auch von den Schattenseiten des Welterfolgs. Ihr Mann arbeitet seit 30 Jahren als Ingenieur in der Produktentwicklung und sieht sich mittlerweile kaum mehr in der Lage, den ehrgeizigen Vorgaben des Unternehmens nachzukommen und mit seinen jüngeren Kollegen mitzuhalten. Volkswagen ist Europas größter Autobauer und baut diese Führung immer weiter aus, wohl nur noch im Wettstreit mit Japans Toyota und Amerikas General Motors. Das bringt den für eine Aktiengesellschaft typischen Leistungsdruck mit sich.

Ich ziehe etwas nachdenklich von dannen, um mich auf das nächste Tages-Highlight vorzubereiten, doch bevor ich davon berichte, hier noch ein interessanter Fakt zum Thema »Die Deutschen und das Auto«: Einer Statistik zufolge wissen satte 91 Prozent der deutschen Männer genauestens über den Verbrauch ihres Autos Bescheid, wohingegen lediglich 58 Prozent wissen, was ihre eigene Blutgruppe ist! Ja, wir sind wohl tatsächlich ein autoverrücktes Völkchen.

Im Zeichen der Tretrollerleidenschaft steht allerdings mein Treffen mit dem nächsten Wigge-Spotter – ich fordere ihn zu einem Rennen heraus! Es handelt sich dabei um Julian Sandiano, der *nicht* bei Volkswagen arbeitet, dafür aber mit seinen zarten 23 Jahren an der Ostfalia Hochschule am Institut für Fahrzeugbau unterrichtet und forscht. Natürlich stehen Hochschule und VW in engem Austausch, was auch sonst.

Julian fährt einen VW Polo und tritt mit mir vor der Volkswagen-Arena zu einem unglaublichen Rennen an.

Der Volkswagen muss genau 100 Meter zurücklegen, während ich mit Ferdinand 40 Meter Vorsprung bekomme. Julian lässt seinen Motor auf der mit Kreide gezeichneten Startlinie immer wieder bedrohlich aufheulen, während ich 40 Meter vor ihm über meine Schulter zurückschaue und ihn mit meinem entschlossenen Gesicht versuche einzuschüchtern. Ich denke an die Morlocks und werde noch finsterer entschlossen.

Da ruft Mechthild: »Drei, zwei, eins … START!«

Was folgt, lässt sich am besten von einem imaginären VFL-Wolfsburg-Stadionsprecher schildern:

»Wigge schiebt seinen Tretroller nach vorn, doch im Hintergrund jault Julians VW Polo auf, und er drückt aufs Gas. Das Auto kommt rasant näher, von null auf hundert in wenigen Sekunden, während Wigge mit seinem Ferdinand kaum Meter macht. Wird er es schaffen? Es sind nur noch 30 Meter bis zum Ziel, und Julian will rechts an Wigge vorbei. Was geht da vor sich? Wigge zieht den Roller nach rechts! Unglaublich, Julian kommt nicht vorbei, Wigge im Endspurt, und Wiggeeee … hat das Rennen gewonnen! Unglaublich unfair! Und doch ein großer Sieg für die Rollerleidenschaft.«

So war es. Das mit dem Abdrängen ist irgendwie versehentlich geschehen, aber halten wir uns hier nicht mit Details auf. Volkswagen hat gegen einen Tretroller verloren, egal wie und warum. Europas größter Autobauer mit eigener Currywurstproduktion unterliegt Ferdinand. Unfassbar. Und wissen Sie was? Die Morlocks haben am

Ende des Films *Die Zeitmaschine* auch ziemlich blöd aus der Wäsche geschaut.

Trotz dieser Niederlage nimmt mich Julian anschließend mit in sein Institut und stellt mich Professor Dr.-Ing. Thomas Gänsicke vor, der mir anbietet, einen spacigen Raumfahrtanzug anzuziehen. Professor Gänsicke erklärt mir, dass es sich hierbei um einen Alterssimulationsanzug handelt, den Testpersonen anlegen, um zu simulieren, wie es sich für einen 80-Jährigen anfühlt, in das neueste VW-Modell einzusteigen. Auf diese Weise lassen sich Autos bauen, die wirklich von allen Altersgruppen gekauft werden.

Ich ziehe den Anzug an und habe zum ersten Mal einen genauen Eindruck davon, wie es sich anfühlt, alt zu sein. Durch meinen Kopfhörer kann ich schlecht hören, durch meine gelbe Brille nur schlecht sehen, und durch Gewichte und Scharniere lassen sich Arme, Beine, Füße und Hände nur schwer bewegen. Es ist erschreckend, wie viel schwieriger das Leben im Alter sein kann. Ich stelle mich auf Ferdinand, um eine Runde mit ihm im Alterssimulationsanzug zu drehen. Es ist ein großer Kraftakt, und ich bin mir sicher, dass ich so nicht mehr als zehn Kilometer am Tag schaffen würde. Man muss sich also wohl auf einiges gefasst machen, wenn man älter wird …

 **Film ab!**

Mit dem Tretroller auf die Walz

Am nächsten Tag habe ich eine Verabredung mit Maurermeister Velten Huhnholz in Wolfsburg, der für mich zehn Wandergesellen zusammengetrommelt hat, die mir zeigen sollen, was es heißt, auf die Walz zu gehen.

Vor mir stehen nun zehn junge Typen zwischen 20 und 25, die alle eine graue oder schwarze Cordhose, kombiniert mit weißem Hemd, Weste, großem schwarzem Schlapphut, auffälligen Knöpfen und einem Ohrring, tragen. Velten erklärt mir, dass in vielen deutschen Handwerkszünften, etwa bei den Zimmermännern, Buchbindern oder Maurern, die sogenannte Walz eine schöne Möglichkeit sei, nach der Lehre genau drei Jahre und einen Tag lang Auslandserfahrungen zu sammeln. Man zieht für diese Zeit durch die Welt und heuert immer wieder für kurze Zeit bei geeigneten Betrieben an. Velten selbst ist vor vielen Jahren nach New York, Kalifornien und Australien gereist. So lernt man seine Handwerkskunst in verschiedenen Kulturkreisen kennen, hat jede Menge Spaß und bekommt einen Haufen Lebenserfahrung. Die Arbeitsleistung sollte jedoch ausschließlich gegen Kost und Logis getauscht werden.

Diese Tradition existiert seit dem 12. Jahrhundert, wird aber in Deutschland nur noch von derzeit 500 Wandergesellen durchgeführt, was ich sehr schade finde.

Ich spreche mit den Wandergesellen Mario, Philip und Benjamin, die mir erzählen, dass in der Berufsschule viele Kollegen abschätzig über ihr Vorhaben gelacht hätten und den Sinn für eine solche Reise nicht sähen. Sie erzählen mir sogar, dass im Inland viele Leute mit Unverständnis auf ihre traditionelle Kleidung reagieren, ausgenommen die Bürger mit Migrationshintergrund. Von ihnen kommen regelmäßig interessierte Fragen und Respekt für diese Form der Traditionserhaltung. Jemand in der Runde sagt: »Im Ausland ein Fürstchen, im Inland ein Würstchen«, und ich sehe viele nickende Köpfe. Man könnte meinen, dass wir Deutschen unsere Tradition tendenziell weniger wertschätzen, als andere Kulturen es tun. Ich erinnere mich an meine vergangenen Reisen, an den hohen Status der Folkloremusik in Südamerika im Vergleich zur Lachnummer Volksmusik in Deutschland. Mir kommen die traditionsbewussten Japaner in den Sinn, die ich im Rahmen eines Japan-Specials besucht habe. Neben dem hohen Stellenwert von unendlich vielen neuen Hightechprodukten sind viele der jahrtausendealten Traditionen des Landes mindestens genauso wichtig. Und auch an meine vier Studienjahre in England mit seiner altehrwürdigen Königshaustradition muss ich denken. Bei uns hingegen scheinen Traditionen oftmals mit Rückwärtsgewandtheit und Provinzialität, wenn nicht sogar mit rechter Gesinnung verbunden zu werden. Das mag daran liegen, dass ein Besinnen auf das Deutschtum leicht mit unserer unheilvollen Vergangenheit im 20. Jahrhundert in Verbindung gebracht wird, sodass wir generell lieber nach vorne schauen.

Die Traditionen der Wandergesellen jedenfalls werden mir nun mit großem Enthusiasmus nähergebracht:

1. Ein Wandergeselle darf nie näher als 50 Kilometer an seinen Wohnsitz kommen.
2. Die acht weißen Perlmuttknöpfe an der Weste stehen für den klassischen achtstündigen Arbeitstag.
3. Der Frauenanteil in den sogenannten Schächten ist bislang nur sehr gering, maximal zehn Prozent.
4. Der Ohrring sollte möglichst wertvoll sein, damit im Falle eines Falles das Begräbnis des Wandergesellen bezahlt werden kann.

Für mich ist das Zusammentreffen mit den jungen Gesellen absolut spannend, da ich in den letzten 20 Jahren stets Mittel und Wege gesucht habe, um mir Reisen erlauben zu können – deshalb auch mein Beruf Reisereporter. Eine dreijährige Weltreise mit der Vorbereitung auf die Meisterprüfung zu verknüpfen, finde ich klasse. Am liebsten würde ich gleich mit auf die Walz gehen und mit der Tracht überall groß angeben.

Warum aber der ganze Wahnsinn? Ich erinnere mich an eine Thailandreise vor elf Jahren für den Fernsehsender VIVA. Im Backpacker-Örtchen Pai traf ich damals zwei deutsche Wandergesellen und hielt sie für komplett verrückte Typen. Es folgten drei Tage Party mit den beiden, ein Riesenspaß – die drei Jahre Walz können also durchaus fröhliches Abenteuer bedeuten!

Zum Abschluss meiner Walzinvestigation ziehe ich mir die Kluft noch schnell selbst an und mache mich auf, die Reaktionen der Passanten zu testen. Viele frage ich einfach ganz direkt: »Moin, könnte ich Ihnen meine Arbeitsleistung gegen Kost und Logis anbieten?« Ich kann es kaum fassen: Dreimal Nachbohren in gerade mal fünf Minuten ergibt zwei Angebote plus ein 5-Euro-Scheinchen in der Tasche, was man als Wandergeselle natürlich eigentlich nicht einstecken sollte. Alleingelassen wird man auf der Walz also anscheinend nicht!

Hiermit könnte man das Ganze als schönes, leicht skurriles Infothema abhaken mit dem Fazit »Spannende Sache, lasst uns Deutsche unbedingt ein wenig stolzer mit den eigenen Traditionen umgehen und den Wandersleuten beim nächsten Zusammentreffen fleißig winken«.

Doch es gibt an diesem Tag noch eine zweite Ebene, die mir den Spaß am Infotainment gehörig verdirbt: *Rückenschmerzen!* Nach den orthopädischen Behandlungen habe ich gedacht, dass wieder alles in Ordnung sei, bis mich abends im Wohnmobil ein kolossaler Stich wie ein Blitz in die Wirbelsäule trifft und ich zusammenbreche. Und ich schwöre, ich bin keine Drama Queen. In meinem unteren Rücken hat sich eine kleine gemeine Stelle herausgebildet, die bei Anspannung einen unglaublichen Schmerz auslöst. Wird diese winzige Partie nicht belastet, ist alles ganz normal.

Beim Gesellen-Outfit-Test in der Fußgängerzone wirft mich einer dieser Stiche auf den Boden. Danach ist sofort wieder alles gut. Auch beim Bierchen mit den Wandergesellen fährt mir einer in den Rücken, sodass ich regelrecht versteinere und nicht weiterreden kann. Sie schauen mich an, als hätte ich keinen Bock mehr, mit ihnen zu reden. Schon gestern bei der VW-Recherche ist es passiert: Ich sprach gerade mit einer Bäckereiverkäuferin über Volkswagen und konnte plötzlich nicht mehr von meinem Stuhl aufstehen.

Insgesamt hat Wolfsburg also ziemlich großen Stress mit sich gebracht, bei allen Unternehmungen waren meine Gedanken konstant bei meinem Rücken. Zwischenzeitlich bin ich mir sogar total lächerlich vorgekommen, wie ich aus dem Nichts zusammengebrochen bin und kurze Zeit später wieder grinsend dastand, so, als wäre nichts gewesen. Mein Zeitdruck und die Tatsache, dass ich deshalb keine Wahl habe und definitiv weiterrollern muss, sind mir zusätzlich ständig im Kopf herumgespukt. Und zu allem Überdruss ist mir dann auch noch Folgendes passiert:

Nach der Rückkehr von dem Gespräch mit der Bäckereidame war mein Portemonnaie verschwunden. Ich habe das gesamte Wohnmobil durchsucht, mit dem Bäcker gesprochen und schließlich festgestellt, dass ich sämtliche Karten, alles Geld, Perso, Fahrzeugschein, einfach mein komplettes Leben, verloren haben muss – filmen, Leute treffen, Volkswagen- und Walzrecherche und dann auch noch Rückenschmerzen war einfach zu viel auf einmal! Innerlich fing ich schon an, einen spontanen Besuch in Berlin zu planen, um das Nötigste zu regeln, natürlich mit brutalem Zeitverlust für meine Challenge, als Mechthild mein Goldstück auf einmal über der Wohnmobiltoilette auf einer Ablage entdeckte. Ich war so *unglaublich* erleichtert, ich fühlte mich noch glücklicher als nach der unendlichen Durststrecke in Henstedt-Ulzburg.

Mein zweiter Tipp für alle latent Unglücklichen: Verliert Euer Portemonnaie und findet es wieder!

Film ab!

667 km

Tagesstreckenrekorde zum Rekordhaus

Am nächsten Tag schwinge ich mich mit immer noch anhaltendem Glücksgefühl auf Ferdinand und mache mich auf den Weg nach Wernigerode in Sachsen-Anhalt, wo ich das kleinste Haus Deutschlands besuchen möchte.

Die Strecke dorthin verläuft ausschließlich über Fahrradwege und beträgt stolze 150 Kilometer. Da ich nun wieder einige Tage Rückstand aufzuholen habe, kann ich mir dafür partout keine drei Rollertage leisten. Ich muss es in zwei Tagen schaffen, und das mit leichten Rückenschmerzen und der Gefahr einer Grabenlandung. Eisern nehme ich mir vor, so lange zu rollern, bis die Schmerzen kommen, dann ist Schluss und Mechthild pflückt mich vom Straßenrand mit dem Wohnmobil auf.

Zum Glück merke ich am ersten der beiden Tage, dass mein spezieller Schmerzpunkt am unteren Rücken beim Rollern kaum belastet wird, sondern hauptsächlich beim Aufstehen oder Hinsetzen.

Es wird also gerollert und gerollert, immer mit Musik im Ohr, immer optimistisch und wild entschlossen, diese Challenge zu gewinnen, egal, wie viele Geldbeutel ich noch verliere, egal, wie umständlich meine Rückensituation sein mag, und egal, wie viele Morlocks mir den Weg versperren. Ich werde mein Ziel innerhalb von 80 Tagen erreichen!

Hoch konzentriert rollere ich die erprobten zehn links, zehn rechts und versuche, hauptsächlich an die richtige Körperhaltung und an mein Atmen zu denken, tief und langsam, schön gleichmäßig, während die Musik im Ohr den Trittrhythmus vorgibt. So fliegen die Kilometer dahin und vergehen die Stunden. Die Landschaft verändert sich, Fachwerkhäuser bestimmen nun das Stadt- und Dorfbild, und bald sehe ich Willkommensschilder für den Harz. Auf einmal fühle ich mich unschlagbar. Alle Schwierigkeiten erscheinen mir wie Prüfungen, die ich bestehen soll – und kann. Ein klares Ziel ermöglicht es einem, über sich hinauszuwachsen. Und Zwischenstreckenrekorde helfen, immer wieder einen draufzulegen. Genau wie bei den Rekorden in der Leichtathletik: Bereits vor 20 Jahren dachte man, dass niemand jemals schneller laufen könnte als der damalige Weltrekordhalter Carl Lewis. Und man hatte sich getäuscht.

Mit dieser Geisteshaltung schaffe ich auf einmal einen Tagesstreckenrekord von 71 Kilometern, der am zweiten, langen Tag sogar noch von einem weiteren Spitzenwert von sage und schreibe 80 Kilometern getoppt wird, und das beinahe ausschließlich bergauf und bei Regen. Am Ende bin ich total groggy, dafür aber euphorisch und mit jeder Menge Selbstvertrauen versehen!

Mit den 150 Kilometern in den Harz habe ich nun auch mein zweites Bundesland, Niedersachsen, hinter mir gelassen. Hierzu wieder eine kurze Charakterisierung aller Orte, in denen wir im Wohnmobil die Nacht verbringen durften.

Gifhorn

Eine schöne Kleinstadt mit Fußgängerzone und angegliedertem Schloss. Doch das eigentliche Highlight liegt außerhalb der Innenstadt hinter dem Schloss, neben historischen Windmühlen und einem Europäischen Integrationszentrum, das einst von Michail Gorbatschow eingeweiht worden ist. Dort finde ich einen Weltsuperlativ – Gifhorn hat die schwerste Glocke der Welt! Zweihundert Tonnen soll sie angeblich wiegen und hängt da unscheinbar herum. Irgendwie sieht sie aus wie eine ganz normale Glocke, aber Weltrekord ist Weltrekord. Nichts wie hin nach Gifhorn, aber Vorsicht, dass Euch die Glocke nicht auf die Glocke fällt! Zweihundert Tonnen tun weh.

Wolfsburg

Böse Zungen behaupten, dass Wolfsburg nichts als Volkswagen zu bieten hat. Sie haben recht! Denn neben der Volkswagen-Bank, der Volkswagen-Kindertagesstätte, den Volkswagen-Immobilien, den Volkswagen-Konzerten, der Volkswagen-Arena und der Volkswagen-Currywurst gibt es auch noch die Volkswagen-Wintereislaufbahn, den Volkswagen-Weihnachtsmarkt, die Volkswagen-Wassershow, den Volkswagen-Park und das Volkswagen-Bad. Zu Hilfe!

Remlingen

Dieser kleine Ort am Aufstieg zum Harz wirkt ruhig, es gibt dort einen Tante-Emma-Laden und eine Kneipe, wo am Abend der erste Bundesligaaufstieg von Eintracht

Braunschweig nach 28 Jahren ordentlich gefeiert wird und ein glückselig betrunkener Fan »Gewiiiiiiinner, ich bin ein Gewiiiiiinneeeeer« grölt und tragisch auf den frisch geteerten Parkplatz fällt. Doch Remlingen hat noch mehr zu bieten: Unter der Erde dient es als Atommüllzwischenlager.

Oben also Idylle und Bundesligafans flach auf dem Boden, unten Atomfässer mit Strahlenmüll. Ziemlich ungemütlich, besonders was die Sache unter der Erde anbelangt. Ich wünsche Remlingen auf jeden Fall den baldigen Atomausstieg und irgendwo das längst überfällige, deutsche Atommüll-*End*lager!

Vom kleinsten Haus zur Unabhängigkeit

Nach der anstrengenden Fahrt nach Wernigerode brauche ich unbedingt eine Pause und verbringe das Wochenende mit Mechthild in einer Ferienwohnung in Wernigerode. Ich spüre, dass ich mich zwar ständig steigern und meine Strecken verlängern kann, aber gleichzeitig dringend darauf achten muss, mich immer wieder ausreichend zu regenerieren, um nicht irgendwann total ausgebrannt auf irgendeinem Feldweg neben Ferdinand zu enden.

Montags dann der Besuch im kleinsten Haus Deutschlands. Im Vorfeld habe ich mir viele Gedanken gemacht, wie klein dieses Haus wohl sein wird. Einfach nur einstöckig oder doch so winzig, dass man es sich beinahe in die Tasche stecken kann? Im historischen Stadtkern von Wernigerode fallen mir gleich mehrere Häuschen auf, die die Voraussetzung erfüllen könnten, der historische Ortskern ist voller zierlicher Fachwerkhäuschen, die niemals in der Lage wären, eine Großfamilie zu fassen. Schließlich sticht es mir ins Auge: das kleinste aller kleinen Häuser. Sein Grundriss misst gerade mal 2,95 x 4,20 Meter, es ist zweistöckig und hat eine Deckenhöhe, bei der ich mir mit meinen 1,83 Metern wie ein Riese vorkomme, so oft wie ich den Kopf einziehen muss.

Ich werde vom Haus- und Museumsverwalter Klaus Uhlendorf schon auf der Straße mit den Worten »Ja, junger Mann, unsere Verabredung war eigentlich vor fünf Minuten« empfangen. Deutschland ist und bleibt eben das Land der Pünktlichkeit. Beim Eintritt in das Haus muss das Eis zwischen Klaus und mir erst einmal brechen. Ich fühle mich nun wie ein Eindringling in diesem historischen, über 300 Jahre alten Gemäuer. Aufgrund meiner ohnehin direkten Art und meiner generellen Eile in dieser Challenge neige ich manchmal dazu, ein bisschen zu schnell zum Punkt zu kommen. Also versuche ich, mich zu bremsen, lobe das famose Haus, stelle Fragen zu Klaus' Position als Verwalter und möchte alle Anekdoten hören, die er über dieses Häuschen zu erzählen hat. Er taut auf, wirkt ein wenig offener, stellt aber gleichzeitig klar, dass es sich hier wohl kaum um kurzweilige Geschichtchen dreht.

Er erklärt mir, dass das Haus einst einem Postboten gehörte und dieser dort mit seiner neunköpfigen Familie plus einem Untermieter wohnte – das macht elf Leute im kleinsten Haus Deutschlands! Ich bin sprachlos, zumal es lediglich aus einem Eingangsbereich mit Küchenzeile sowie einem Obergeschoss mit Sofa und Schlafraum besteht. Mir wird bewusst, unter welchen Umständen die Menschen hier in den vorangegangenen Jahrhunderten leben mussten. Heute hat der Durchschnittsdeutsche, statistisch gesehen, 45,1 Quadratmeter Wohnfläche zur Verfügung, ungefähr das 15-Fache dessen, was jedes Familienmitglied des Postboten damals sein Eigen nennen konnte.

Ich mache nun den Test, wie lange es dauert, hier von der Haustür bis zum Obergeschoss zu sprinten, um ein besseres Gefühl für die Größe des kleinsten Hauses zu bekommen, ähnlich wie ich es mit der Tretrollerumrundung des kleinsten Dorfes Deutschlands gemacht habe. Klaus schaut mich bei der Ankündigung der Testaktion aus dem Augenwinkel skeptisch an. Vielleicht macht ihm meine fehlende Ernsthaftigkeit in Anbetracht dieses historischen Gemäuers zu schaffen, doch er willigt ein. Laut sage ich an der Eingangstür »Auf die Plätze – fertig – los!« in meine Handkamera und renne durch den schmalen Eingangsbereich die kleine Wendeltreppe hoch, indem ich gleich drei Stufen auf einmal nehme. Am Ende der Treppe donnere ich mit meinem Kopf an eine Deckenholzplanke, da hier das Haus gerade mal 1,70 Meter hoch ist, trotzdem sprinte ich weiter zum Fenster und klatsche an der Wand ab: 3,4 Sekunden!

So schnell und schmerzhaft kann die Durchquerung des kleinsten Hauses Deutschlands also sein. Klaus winkt mir nach dieser ungewöhnlichen Hausvermessung freudig hinterher. Das Eis ist anscheinend doch noch gebrochen.

Nach diesem Erlebnis mache ich mich auf zum Marktplatz von Wernigerode. Ich plane, die Bereitschaft der Bürger für ein Zusammenleben auf engstem Raum – zumindest für kurze Zeit – zu testen. Deshalb male ich mit Kreide ein ein mal ein Meter großes Quadrat als Grundriss eines noch winzigeren Hauses auf den Boden. Wie viele Leute werde ich da wohl hineinquetschen können?

Da erspähe ich eine Reisegruppe von Rentnern, die sich das historische Rathaus der Stadt anschauen, und laufe auf sie zu. Auf meine bescheidene Anfrage hin rennen fast alle Reisenden spontan zu meinem Kreidehaus, die entnervten Blicke ihres Reiseleiters landen auch auf mir. Doch was soll's, kurze Zeit später stehen die Rentner euphorisiert in meinem Quadrat, quetschen sich immer dichter zusammen, und es passen nicht mehr alle rein, die gerne rein möchten. Stattdessen stehen zwei rüstige Damen daneben und behaupten, sie stünden noch drin. Nun gut, ich zähle. Und das Ergebnis ist nicht ganz eindeutig: Mal zähle ich 12, mal 14 und dann sogar 15 – je nachdem, ob man nun die Grenzgänger am Kreidestrich mitzählt oder nicht. Doch eins wird klar: Wir Deutschen mögen es heute scheinbar wieder so richtig eng! Vielleicht hat es mit dem Reiz der Rückbesinnung zu tun, der Rückbesinnung auf Bescheidenheit, Einfachheit, Überschaubarkeit.

Meine verträumten Gedanken werden jäh unterbrochen, als ich sehe, wie eine ältere Dame sich unbedingt noch ins Kreidequadrat quetschen möchte, von einer anderen Dame, die mitten im Quadrat verankert und von zwei Herren seitlich abgesichert ist, aber sofort wieder rausgeschubst wird. Ich kann meinen Augen kaum trauen. Werde ich hier Zeuge einer Rentnerschlacht im kleinsten Hausgrundriss Deutschlands? Nein, die abgewehrte Dame akzeptiert ihr Schicksal, und alle territorialen Ansprüche sind vorerst geklärt. Was bleibt, ist die Frage, ob wir luxusverwöhnten Bürger der Gegenwart noch so selbstverständlich auf kleinstem Raum leben könnten wie damals der Postbote mit seiner Familie und dem Untermieter.

Am nächsten Morgen tretrollere ich weiter, nun Richtung Südwesten an die nordöstliche Spitze Hessens, um das zehnte Highlight von insgesamt 30 zu besuchen, mal wieder einen deutschen Superlativ. Schon am Ortsausgang von Wernigerode werde ich an einem Supermarkt von einem 87-jährigen Mann angesprochen, der sich sehr für mein ihm unbekanntes Gefährt interessiert. Wir kommen ins Reden, und er erzählt mir, dass er zwar noch immer Auto fährt, ihm aber sicher bald der Lappen abgenommen werden wird, weil Augen, Gehör und Körper einfach nicht mehr richtig mitspielen. Ein geistig fitter Mann steht vor mir, vielleicht 1,65 Meter groß und elegant gekleidet. Seit dem Anprobieren des Alterssimulationsanzugs kann ich mich zum ersten Mal in einen alten Mann hineinversetzen. Ich erinnere mich genau, wie schlecht ich durch die milchige, gelb schimmernde Brille sehen konnte, wie dumpf alles durch die Kopfhörer geklungen hat und wie anstrengend es war, meinen Körper zu bewegen. In unserem Gespräch fragt der alte Herr öfter nach, was ich gerade gesagt habe, ich muss lauter sprechen.

Dann das Unerwartete: Er bittet mich, selbst einmal rollern zu dürfen, und schwupps, dreht er auf dem Supermarktparkplatz ein paar Runden mit Ferdinand. Danach fragt er mir Löcher in den Bauch und möchte unbedingt wissen, woher er einen zweiten Ferdinand bekommen kann, da seine Autofahrzeit schließlich bald abgelaufen sein wird und Fahrradfahren für seine Beine mittlerweile auch schon zu schwierig ist. Ich gebe ihm alle notwendigen Infos und fahre freudig weiter, weil ich den alten Herren so inspirieren und ihm womöglich zu einem Stück Mobilität verhelfen konnte. Ob auch ich wohl eines Tages ganz auf Ferdinand umsteigen werde? Es kommt leichte Angst vor dem Älterwerden in mir auf. Warum kann unsere letzte Zeit auf Erden nicht die leichteste unseres gesamten Lebens sein? Mist!

Kürzlich ist mir im Internet eine US-Studie in die Hände gefallen, die besagt, dass mindestens 20 Minuten Sport am Tag das Leben, statistisch gesehen, um 3,4 Jahre verlängern. Ich erstelle die folgende Rechnung: Lebenserwartung circa 80 Jahre. Sollte ich mein ganzes Leben, so wie ich das jetzt gerade mache, sechs Stunden am Tag Tretroller fahren, könnte ich somit circa 60 Jahre länger leben, also einen Altersrekord von 140 Jahren erreichen. Ich könnte ein Teil der deutschen Superlative werden! Auch wenn der Vergleich hinkt: Sport wird Teil meines Lebens bleiben, ich bin wild entschlossen.

Nur eine Stunde später muss ich knapp an Norddeutschlands höchstem Berg, dem Brocken, entlangrollern. Die Straße steigt von 250 auf 700 Höhenmeter, teilweise in Serpentinen. Meine Gedanken pendeln zwischen *Das schaff ich nie* und *Ich krieg die Krise*. Doch überraschenderweise bin ich schon nach zwei Stunden fast auf 700 Metern. Meine Beinmuskulatur und meine Kondition haben sich im ersten Monat meiner Reise drastisch verbessert.

Dann geht es wieder hinunter ins Tal durch die beiden Nachbardörfer Elend und Sorge – namensmäßig so ziemlich das genaue Gegenteil der exotischen Ostseeörtchen Brasilien und Kalifornien. Ich spreche eine Kellnerin in einem Elender Restaurant an. Sie erzählt mir, dass in Elend »tote Hose« sei und sie den Namen absolut gerechtfertigt finde. Auf meine Frage hin, ob es in Sorge eventuell noch schlimmer sei, erzählt sie mir, dass sie in ihren vielen Jahren hier im Harz noch nie in Sorge ausgestiegen sei, einfach nur aufgrund der fehlenden Anziehungskraft des traurigen Namens Sorge.

Nachdenklich rollere ich weiter, irgendwie tun mir die beiden Orte leid. Dabei find ich es hier sogar gemütlicher als in Brasilien und Kalifornien, süße Harzer Holzhäuser mit viel Touristenschnickschnack, etwas, das Kalifornien und Brasilien kaum vorzuweisen hatten.

Am Ende eines Tals sehe ich das Schild »Sie verlassen den Harz«. Supersache, denke ich mir, doch leider läuft es nicht so einfach. Erst muss ich die fiesen 670 Höhenmeter des sogenannten Beerbergs überwinden. Also das gleiche Spiel von vorn. Dieses Mal allerdings nur mit Schieben. Und nach 600 Höhenmetern ist Schluss. Ich habe keine Kraft und keine Lust mehr und rufe meine Kollegin Mechthild an, die mit dem Wohnmobil angefahren kommt. Dort habe ich eine Notfallkiste für schlechte Tage deponiert. Ich hole ein fünf Meter langes bungeeartiges Abschleppseil heraus und verbinde es mithilfe einer speziellen Vorrichtung mit dem Lenker von Ferdinand. Mechthild drückt aufs Gas, und ich werde gemütlich den Berg hinaufgezogen. Es fühlt sich an wie

Wasserskifahren oder Kiteboarden, schwingende Bewegungen ohne Anstrengung, super! Und ich breche nicht das Reglement, da ich irgendwie schon tretrollere oder zumindest auf dem Roller stehe. Doch nach weniger als einem Kilometer fährt das Wohnmobil auf einmal in unregelmäßigem Tempo, wahrscheinlich durch das Schalten von einem Gang in den nächsten. Ich werde katapultartig nach vorne gezogen, verliere die Balance und falle hin. Zum Glück ist nichts Schlimmes passiert, alle Körperteile sind noch dran, aber das Surfen findet ein Ende, das Risiko eines weiteren Sturzes wäre zu groß. Die Reise geht weiter mit Beineinsatz, zehn links, zehn rechts.

Mein Navi führt mich mal wieder auf eine Straße, dieses Mal sogar eine Bundesstraße, eine Verbindung vom Harz nach Göttingen, vornehmlich von Lkws genutzt. Ich rollere im Schneckentempo auf dem Standstreifen dahin, meinen orangefarbenen, 70 Zentimeter langen Abstandhalter aus Plastik links am Lenkrad befestigt, um wenigstens ein Fünkchen Sicherheit zu gewährleisten. Doch es ist einfach zu absurd. Lkw-Fahrer zeigen mir den Vogel, ich gehöre hier nicht hin und fühle mich extrem unwohl. Deshalb beschließe ich ein für alle Mal, meine Streckenführung selbst in die Hand zu nehmen und mich von jetzt an nach den weißen Fahrradwegschildern mit dem grünen Fahrrad zu richten, anstatt mich unentwegt über die Qualität meiner Navi-Route zu ärgern. Und siehe da: Nach anfänglichen Schwierigkeiten klappt es dann ganz gut. Das Rollern von Schild zu Schild nimmt zwar etwas mehr Zeit in Anspruch, macht dafür aber ordentlich Spaß und ist viel abenteuerlustiger als das blinde Folgen eines Geräts. Ich fühle mich frei und unabhängig, da ich nun selbst entscheide, wie die Streckenführung aussieht. So viele Gedanken habe ich im letzten Monat an die schwierige Navi-Programmierung vergeudet, ohne ein einziges Mal zu bedenken, dass ich das Ganze selbst in die Hand nehmen könnte. Irgendwie beschämend. Beim Autonavi ist mir das auch schon oft passiert. Mein Gehirn bleibt meist komplett zu Hause, und ich fahre, ohne es zu merken, in Einbahnstraßen, nur weil eine veraltete Navi-Software es mir befiehlt.

Wie oft habe ich diese Erfahrung in meinem Leben schon gemacht. Jedes Mal, wenn ich in der Vergangenheit Abhängigkeiten beendet hatte, ging es mir um Längen besser. Welche Abhängigkeiten das auch gewesen sein mögen: Abhängigkeiten von Arbeitgebern, Menschen, Technologien oder Substanzen – sei es nur Nikotin. Meiner Meinung nach ist man umso glücklicher, je selbstbestimmter man sein Leben gestaltet. Nicht lange jammern und klagen, sondern die Dinge selbst in die Hand nehmen!

So rollere ich am 1. Mai, einen Tag später, gut gelaunt zwischen unzähligen Maiwanderern umher. Im Örtchen Ebergötzen treffe ich auf ungefähr 20 Teenager, die morgens um zehn, mit einem Bollerwagen, Bier und Schnäpsen ausgestattet, losgezogen sind und mittlerweile ziemlich einen sitzen haben. Ich erzähle ihnen von meinem Vorhaben, alle freuen sich, sind euphorisch, posen auf Fotos mit mir, und ich höre Dinge wie: »Treeeetrooooller! Jawoll, lass uns auuuuch losfahren! Prost, Alter! Yupiieeh! Nimm ein Bier, lalalalaa …«

Film ab!

Die *beinahe* älteste Eiche Deutschlands

Weiter geht's in die Nähe von Reinhardshagen bei Hannoversch Münden, wo die angeblich älteste Eiche Deutschlands steht. Meinen Onlinerecherchen zufolge ist sie über 1500 Jahre alt. Ich bin beeindruckt, dass es Pflanzen und auch Lebewesen gibt, die viel älter als unsere mickrigen menschlichen 80 Jahre werden. Ein bisschen bin ich sogar neidisch, wäre eine Lebenserwartung von 200 oder 300 Jahren nicht auch für uns von Vorteil? Es gibt ja schließlich massig zu erleben! Hinzu kommen Gedanken, wie die Welt wohl in 200 Jahren aussehen wird. Reisen wir dann durch das Weltall? Haben wir unsere Gene dahingehend manipuliert, dass die Menschheit nicht mehr zu Brutalität und Kriegen neigt? Ist uns bis dahin ewiges Glück beschieden? Treffen wir uns ab und zu mit anderen Lebensformen aus dem All? All das werden wir, die wir jetzt leben, wohl nicht mehr erfahren – im Gegensatz zu einer robusten Eiche!

Ich treffe im Reinhardswald den Förster Klemens Kahle, der erst mal laut loslacht: »Die Journalisten und ihre Onlinerecherchen! Hahahaha! Nee, da haben Sie wohl fehlerhaften Quellen vertraut. Die Eiche hier, die sich übrigens »Gerichtseiche« nennt, ist zwar eine der ältesten Eichen in Deutschland, aber sie ist nur 600 bis 700 Jahre alt!«

Ich bin frustriert, weil ich blind irgendwelchen Quellen vertraut habe und weil die Eiche noch nicht einmal die Römerzeit miterlebt hat. Trotzdem sind ihre Größe, ihre krummen Ästen und ihre Löcher im Stamm, die über die Jahrhunderte entstanden sind, schwer beeindruckend. Im Spätmittelalter haben wahrscheinlich Ritter wilde Schlachten um sie herum ausgetragen (oder aber sie haben einfach nur Verstecken gespielt und sind albern um sie herumstolziert). Und sie muss die Zeit der verheerenden Pest in Europa miterlebt und wohl viel Leid gesehen haben.

Während der Erfindung des Buchdrucks um 1450 mag sie Johannes Gutenberg seelenruhig dabei zugeschaut haben, wie er die ersten Bücher druckte. Durstig musste sie mit ansehen, als 1516 Herzog Wilhelm IV. von Bayern die erfreuliche Entdeckung des Bieres machte. Die Kunstepoche der Renaissance im 16. Jahrhundert blühte um sie herum auf, genauso wie der Dreißigjährige Krieg Mitte des 17. Jahrhunderts in ihrer Gegenwart wütete. Auch das Zeitalter der Erfindungen und der Industrialisierung im 18. und 19. Jahrhundert hat sie miterlebt, die Entstehung riesiger Fabrikanlagen beobachtet und bestimmt gestaunt, als 1854 Heinrich Göbel (angeblich) die erste Glühbirne zum Leuchten brachte. Natürlich hat sie Ende des 19. Jahrhunderts auch die Gründung des Deutschen Kaiserreichs mit dem ersten deutschen Reichskanzler Otto von Bismarck mitbekommen, die Zusammenführung vieler Fürstentümer zu einem geeinten Deutschland; sie mag die Kolonialgeschichte Deutschlands kritisch beobachtet haben, die Einführung des ersten Sozialsystems in Deutschland gelobt und das 20. Jahrhundert gefürchtet haben. Damals begann Deutschland den Ersten Weltkrieg, es folgten die wilden 1920er-Jahre in Berlin, die Weimarer Republik, die Machtergreifung Hitlers, der Zweite Weltkrieg mitsamt dem schrecklichen Holocaust, danach wurde Deutschland geteilt und wieder vereint – und jetzt stehe ich staunend vor ihr.

Wie schaffte es die Eiche nur zu überleben, bei derart viel Veränderung, Leid und Fortschritt, zumal es stets Bedarf an Holz gab und jede Menge Dörfer und Städte errichtet wurden? Der Förster nennt hierfür zwei Gründe. Zum einen dienten Eichen bis Mitte des 19. Jahrhunderts in Deutschland als wichtige Nahrungsquelle. Zum anderen hat wahrscheinlich ihr Status als Gerichtseiche diesem Baum das Überleben gesichert. Symbolisch galt er bei Rechtsprechungen als wichtige Instanz. Wurden hier etwa Kriminelle bestraft oder gar getötet, ähnlich wie man Menschen am Opfermoor direkt in Deutschlands Mitte (in einer der sechs Mitten, Verzeihung!) opferte? Herr Kahle kann es nur ahnen.

Rein biologisch können es Eichen übrigens auf ein Alter von über 1000 Jahren schaffen, weil sie nach Angaben von Förster Kahle eine extreme Stammdichte vorweisen und damit auch nach Hunderten von Jahren noch fest im Saft stehen.

Ich messe die Eiche ab, um ihre Größe besser verdeutlichen zu können. Mit einem Maßband errechne ich die Spannbreite von Mittelfinger zu Mittelfinger, wenn ich beide Arme waagerecht ausgebreitet habe. Es sind genau 1,88 Meter. Mit ausgestreckten Armen winde ich mich

nun um die Eiche, um zu zählen, wie viele Armspann-
breiten um sie herumpassen. Es sind genau 4,5. Demnach weist die Eiche einen unglaublichen Stammumfang
von 8,46 Metern auf. Respekt!

Generell hat das Thema Wald in Deutschland trotz unserer hohen Bevölkerungsdichte eine große Bedeutung.
Neben den 80,5 Millionen Menschen leben hier insgesamt sieben Milliarden Bäume, das macht 87 Bäume
pro Einwohner!

Bei diesen Zahlen muss ich an meine Kindheit denken,
als ich regelmäßig auf Bäume geklettert bin, um dort mit
Freunden Baumhäuser zu bauen. Es ist wohl 25 Jahre her,
dass ich den letzten Baum bestiegen habe. Also wird es
wieder Zeit! Mit einem dicken Seil und einer Strickleiter
bewaffnet, stelle ich mich vor die Gerichtseiche. Klemens
Kahle schaut mich mit hochgezogenen Augenbrauen an,
kann mir meinen Wunsch jedoch offenbar nicht abschla-
gen. Ich werfe das Seil über einen Ast, ziehe die Strickleiter durch eine Schlaufe hoch und beginne zu klettern.
Leider ging das als Kind irgendwie einfacher. Wenig später hänge ich so unbeholfen an der schwingenden Strickleiter wie ein auf dem Rücken liegender Maikäfer.

Förster Kahle kann sich das Lachen nicht verkneifen.
Nach all den großartigen geschichtsträchtigen Ereignis-
sen, die die Eiche bisher erlebt hat, hänge ich mit wür-
deloser Schlaffheit an ihr dran und schaffe es noch nicht
einmal, den ersten Ast zu umklammern. Nach 30 verzweifelten Sekunden plumpse ich hilflos zu Boden. Hat
die Eiche das in ihrem hohen Alter noch verdient?

Werte Gerichtseiche,

ich weiß Deine unglaubliche Lebenserfahrung zu schätzen und bin sogar ein wenig neidisch, dass ich sicher niemals so viel erleben werde. Sollte ich mit diesem verunglückten Kletterversuch an Deiner Würde gekratzt haben, so bitte ich hiermit in aller Deutlichkeit und Bescheidenheit um Verzeihung. Die Sache war Deinem ehrwürdigen Alter nicht angemessen. Ich verspreche, es wird keinen zweiten Kletterversuch geben.

Hochachtungsvoll und mit tiefer Verbeugung
Michael Wald-und-Wiesen-Wigge

 **Film ab!**

985 km

Einer der sechs deutschen Mittelpunkte

Mein Weg führt mich nun Richtung Osten nach Thüringen zu einer Viererserie besonderer deutscher Orte. Meine Route gleicht mittlerweile einer Zickzacklinie durch die Bundesländer – alles meinen Wunschorten zuliebe. Bis nach Niederdorla sind es 111 Kilometer, die ich an einem Tag und einem Vormittag absolviere. Hatte ich am Anfang der Reise noch 40- und 50-Kilometer-Strecken absolviert, sind inzwischen stolze 75 Kilometer täglich drin. Ich nähere mich wieder meinem Zeitplan.

Das Besondere an Niederdorla: Hier befindet sich die offizielle Mitte Deutschlands. Nach der deutschen Einheit hat man Ost-, West-, Süd- und Nordkoordinaten zusammengewürfelt und die exakte Mitte unseres Landes berechnet. Ähnlich wie beim tiefsten Punkt wurde auch diese Stelle ordentlich markiert. Es befinden sich dort ein großer Gedenkstein, eine staatstragende Deutschlandflagge und eine Linde.

Wozu der ganze Aufwand? Ein Grund wird wohl der sein, dass hier, wieder ähnlich wie beim tiefsten Punkt, große Konkurrenz herrscht. Insgesamt fünf weitere Orte in Thüringen, Hessen und Niedersachsen erheben den Anspruch, die einzig wahre deutsche Mitte ihr Eigen nennen zu können, alle jeweils nach einer anderen Berechnungsart.

Befinde ich mich also hier am richtigen Mittelpunkt, oder bin ich einem Schaumschläger aufgesessen? Die Antwort muss ich selbst herausfinden. Deshalb mache ich einen Test: Drei Touristen sollen sich ein von mir mitgebrachtes weißes Yogagewand mit einem Stirnband anziehen und auf einer Yogamatte direkt vor dem Gedenkstein ihre eigene innere Mitte finden. Sollte dieses Experiment gelingen, kann davon ausgegangen werden, dass ich mich am echten zentralen Punkt unseres Landes mitten in Europa befinde, praktisch also auch an einem europäischen Mittelpunkt, wenn nicht sogar der Mitte unserer Erde!

Als Erstes frage ich ein Pärchen aus Gütersloh, das gerade von seinen Motorrädern absteigt. Die Antwort: »Nee, nee, lass uns bloß in Ruhe, Mitte suchen mit Videokamera, bestimmt nicht. Da reagieren wir allergisch drauf!«

Also spreche ich Oma und Opa Haas und ihren Enkel aus Mecklenburg-Vorpommern an. Oma Haas findet den Versuch sehr interessant, schließlich möchte auch sie gerne wissen, ob es sich hierbei um die wahre Mitte handelt (und vielleicht spielt auch das Mitgefühl für einen verzweifelten Testkandidatensucher eine gewisse Rolle). Oma Haas sitzt nun im Gurugewand im Schneidersitz vor dem Mittelpunkt und gibt immer wieder »Ommmm, ommmm, ommmm« von sich.

Dann der etwas grummelig dreinschauende Opa Haas. Auch er macht mit! Ich kann's kaum glauben. Zack, sitzt er im weißen Gewand auf der Matte und hebt gurumäßig seine Arme waagerecht in die Luft, um sich zu zentrieren. Beide Haas' haben die Mitte in sich gefunden. Wow!

Es folgt die Suche nach einer dritten Person. Der Fotograf aus Hamburg wiegelt sofort ab. Die zwei schwäbischen Besucher ebenso: »Des mache mer nitt!« Verzweifelt spreche ich eine Reisegruppe von Rentnern aus den neuen Bundesländern an. Auf die Senioren ist Verlass! Sie wollen, ohne zu zögern, mitmachen und finden das höchst amüsant. Sofort liegt ein älterer Mann mit Yogakostüm und Stirnband wild meditierend auf der Matte vor dem Stein. Die restlichen Gruppenmitglieder freuen sich, machen Fotos und zelebrieren das Suchen und Finden der Mitte Deutschlands.

Also, Testergebnis 1: Alle drei Kandidaten haben ihre Mitte gefunden. Demnach war ich an der einzig wahren Mitte Deutschlands und würde sogar so weit gehen, dass hier auch das Zentrum des Universums liegt, auch wenn sich die Erde um die Sonne dreht, aber egal.

Testergebnis 2: Ernsthafte und spielverderberische Absagen von drei Wessis (falls man dieses Wort überhaupt noch verwenden darf, ich selbst bin ja ebenfalls gebürtiger Wessi). Dazu drei unvoreingenommene Teilnehmer aus dem Osten.

Sind die Ossis also doch anders als die Wessis? Sind die Ossis lustig und die Wessis arrogant? Ich unterhalte mich mit Mechthild über dieses Thema. Sie stammt aus Ostdeutschland, also reden jetzt Ossi und Wessi über Ossis und Wessis. Klingt eigentlich nach dem perfekten Anlass, sich nach einem Monat Reise zum ersten Mal so richtig ordentlich zu fetzen. Aber wir einigen uns ganz friedlich darauf, dass auch nach 24 Jahren Mauerfall noch einige

Unterschiede existieren, besonders natürlich in der mittleren und älteren Generation, die durch die Trennung viel stärker geprägt wurden.

Unserer Erfahrung nach scheinen die Ossis unvoreingenommener an die Dinge ranzugehen, sie machen einfach mal irgendwo mit, wenn es Spaß verspricht. Wobei man eine solche Unvoreingenommenheit natürlich auch als Naivität interpretieren könnte – was aber an dieser Stelle zu weit führen würde.

Und warum verhalten sich die Wessis mir gegenüber so abweisend? War das reiner Zufall bei dieser kleinen Stichprobe? Haben sie einfach schon zu viel Medienerfahrung und sind deshalb abgebrühter? Schwer zu sagen, aber einen Unterschied in der Mentalität scheint es tatsächlich zu geben. Ich einige mich mit Mechthild darauf, dass einzelne Teile der Westdeutschen vielleicht durch ihre Erfahrungen in der kapitalistischen Wettbewerbsgesellschaft eine gewisse Abgebrühtheit vorweisen. Uns ist aber beiden klar, dass solche Verallgemeinerungen äußerst schwierig sind.

Ein kurze Zeit später stattfindendes Gespräch mit der Verkäuferin in einem Lebensmittelladen in Niederdorla bestätigt jedoch diese Tendenzen. Die Verkäuferin erzählt, dass man nach der Wende große Hoffnungen hatte, der Mittelpunkt Deutschlands würde regelrechte Besuchermassen anlocken. Infolgedessen haben die Bürger von Niederdorla massenweise Merchandising-Artikel herstellen lassen, vom Schlüsselanhänger bis zur Schneekugel, oder so ähnlich. Leider blieben sie auf den Sachen größtenteils sitzen. Das mag ein wenig naiv daherkommen, ist aber irgendwie auch liebenswürdig. Und genauso verhalten sich die Leute in Niederdorla mir gegenüber. Alle freuen sich über den Mann mit Kamera und sind stets für einen Spaß und einen Plausch zu haben. Diese Offenheit finde ich sympathisch.

Auf meiner Tretrollerstrecke kurz vor dem Mittelpunkt stieß ich aber auch auf andere Meinungen zum Thema Ost und West. In einem Dorf bei Mühlhausen fiel mir ein Kunstcafé in einem 250-Seelen-Dorf auf. Total ungewöhnlich, da die Dörfer sonst höchstens eine Bäckerei besitzen. Beim Eintreten erblickte ich interessante Kunstgegenstände, bunte Räume und eine exzentrische Einrichtung. Reinhard, der Besitzer, erzählte mir, dass er selbst als Künstler arbeitet und nun mit seiner Frau zusammen versucht, dieses Kunstcafé zu etablieren. Es gebe zwar Kundschaft, aber die komme nicht aus dem eigenen Dorf. Seine Frau sei Wessi und trotz dieses »Makels« sogar zur Bürgermeisterin gewählt worden, doch dann sei es zu Unstimmigkeiten gekommen, und mittlerweile heiße es überall: »Jaja, die Wessifrau, die macht hier, was sie will.« Der Kontakt zu den Dorfbewohnern sei abgebrochen, obwohl er selbst hier aufgewachsen sei. Er erzählte noch eine weitere kleine Geschichte: Vor zwei Tagen war er in Mühlhausen gewesen, wo ein Kollege von ihm auf dem Aufkleber an einem Auto mit schwäbischem Nummernschild einen Rechtschreibfehler erspäht und diese Tatsache mit folgenden Worten kommentiert hatte: »Diese Wessis, nichts können sie!« Reinhard meinte, dass die Ost-West-Vorurteile nicht so leicht aus den Köpfen der Menschen zu kriegen seien, diese Problematik aber tendenziell viel mit Neid zu tun habe. Die Leute vergleichen sich mit den anderen Leuten, und wenn sie meinen, schlecht dabei abzuschneiden, entstehen Neid und Vorurteile.

Dieses von mir tot geglaubte Thema fasziniert mich, und ich recherchiere abends im Wohnmobil noch eine ganze Weile im Internet. Dort stoße ich auf eine aktuelle Umfrage des Instituts für Demoskopie Allensbach. Ihr zufolge haben 40 Prozent der Ossis eine in erster Linie negative Sichtweise auf die Wessis, welche sie für arrogant, oberflächlich und geldgierig erachten. Ihnen gegenüber stehen 25 Prozent der Wessis, die bei den Ossis in erster Linie negative Eigenschaften sehen: Misstrauisch, ängstlich und unzufrieden sind sie ihrer Meinung nach. Ich betrachte es hiermit als bewiesen: Vorurteile existieren bei diesem Thema noch zuhauf!

Ein knappes Vierteljahrhundert nach der Wende ist die gesellschaftliche und kulturelle Zusammenführung also noch längst nicht vollbracht. Um die Sache ein wenig zu beschleunigen, hier mein Appell:

Liebe Ossis und Wessis,

so lange ist der Mauerfall nun schon her – Ihr müsst Euch endlich wahrhaft einen und vereinen!
Liebe Ossis, wenn die Wessis wieder arrogant oder unnahbar daherkommen, knuddelt sie doch einfach richtig feste. Liebe Wessis, wenn die Ossis wieder unglaublich unzufrieden sind, rüttelt und schüttelt sie doch bitte einmal kräftig durch.

Wo soll das Ganze geschehen? Natürlich im Zentrum von Deutschland. Alle Ossis sollen zu den beiden Mittelpunkten Deutschlands im Westen und alle Wessis zu den vier östlich gelegenen Mittelpunkten fahren. Unterwegs trefft Ihr Euch und knuddelt und rüttelt so lange, bis wir endlich eins sind!

Euer Wossi Wigge

Film ab!

Der schiefe Turm von Thüringen

Meine Weiterreise durch Thüringen gestaltet sich gut. Es ist mittlerweile Mai, endlich rollere ich durch blühende Natur mit sattgrünen Bäumen, gelbem Raps, Vogelgezwitscher an jeder Ecke, und es ist über 20 Grad warm! Zum ersten Mal kann ich nachempfinden, was die Wanderer mit ihrem »Naturerlebnis« meinen. Bislang fand ich das immer ziemlich überzogen und kitschig, aber über die Mittelgebirge in Thüringen zu rollern verursacht in mir wirklich ein Gefühl der Naturverbundenheit – sie existiert also wirklich!

Beim Rollern denke ich zurück an den Start meiner Reise am 1. April, wie ich im Schneegestöber durch Schleswig-Holstein gejagt bin und sich jede Stunde auf Ferdinand endlos angefühlt hat, die Hände hart gefroren und im Gesicht ein eisiger Wind. Die Rahmenbedingungen sind jetzt um vieles besser. Neben der wärmeren Jahreszeit schaffe ich inzwischen bei jeder Tagesetappe im Schnitt 70 bis 80 Kilometer, das war am Anfang noch vollkommen undenkbar.

Mit dieser Zufriedenheit im Bauch erreiche ich an Tag 37 in Bad Frankenhausen den berühmt-berüchtigten schiefen Turm von Thüringen. Schon aus der Entfernung erkenne ich eine Kleinstadt mit einem sehr auffälligen und sehr schiefen Kirchturm. Ich muss auf meinem Roller vor mich hin lachen, solche unfreiwilligen Sehenswürdigkeiten finde ich einfach am allerbesten. Die Bad Frankenhausener Attraktion ist aufgrund eines ungewollten Baufehlers zustande gekommen, der Ort ist trotzdem ungemein stolz auf sein Bauwerk. Auf einem Schild lese ich: »Der höchste schiefe Kirchturm der Welt!«

Vor dem Kirchturm treffe ich mich mit meiner Verabredung, dem Bürgermeister, Herrn Strejc. Wir stehen genau unter der tief hinunterragenden Seite des Turms. Er ist wirklich derart schief, dass ich immer wieder nach oben schauen muss vor lauter Sorge, dass er auf uns drauf kippt, weshalb ich mich kaum auf die Worte des Bürgermeisters konzentrieren kann. Zwar wäre das, statistisch gesehen, äußerst unwahrscheinlich, da das Bauwerk schon seit 700 Jahren steht, aber der extreme Überhang gibt mir dennoch ein mulmiges Gefühl.

Herr Strejc erklärt mir, dass der Neigungswinkel mittlerweile 4,76 Grad beträgt, also 0,8 Grad mehr als der Schiefe Turm von Pisa. Der Grund hierfür sollen unterirdische Hohlräume und eine Wasserquelle sein, die durch die jahrhundertelangen Auswaschungen Bodenverschiebungen verursacht haben. Jedes Jahr neigt sich der schiefe Turm ein wenig mehr zur Seite, so lange, bis er wohl irgendwann am Boden liegt.

Der Bürgermeister hingegen bleibt locker. Seine Worte: »Das mit dem Umfallen dauert noch etwas, schließlich haben wir spezielle Metallbefestigungen angebracht, und außerdem wohnt auf der Neigungsseite ja niemand richtig nahe dran.«

Start auf Sylt – und gleich im Sand festgefahren

Übermut in Westerland tut selten gut, denn die Tour wird noch wehtun.

Tretrollertragen durchs Wattenmeer. Hiiilfe, wo ist hier der Fahrradweg?

Nordsee-Idylle
auf der Hallig
Gröde

Das kleinste Dorf
Deutschlands:
Die Hallig Gröde
zählt nur acht
Einwohner.

Überwinden
eines Gatters
bei der Rekord-
umrundung
von Gröde in
51,4 Sekunden

Strand- und
Schwimmtest
an der Ostsee.
Autsch!

Auf rostigen
Pfaden nach
Brasilien

Caipirinha- und
Copacabana-
Fantasien bei
eisigen Tempera-
turen in Brasilien

Tretrollerfilmen bei Regen

Das Rückenwindsegel soll helfen, was es bei Windstille natürlich nicht tut.

Wigge-Spotter
spotten mich in
Mölln.

Als Assistent
im Hundesalon
von Uelzen

Ich bin als
Wandergeselle
in Wolfsburg
unterwegs.
Bekomme ich
was umsonst?

In der Stadt mit dem kleinsten Haus: Wie viele Bürger passen in Wernigerode in einen Quadratmeter?

An einem der sechs geografischen Mittelpunkte Deutschlands. Wir mögen anscheinend Superlative ...

Die Bürger von Bad Frankenhausen sind noch schiefer als ihr schiefer Turm.

Gartenzwergproduktion in Gräfenroda. Ich sehe rot!

Tretrollerfahren:
zehn links und
zehn rechts ...

... da kann man
leicht durch-
einanderkommen.

Idyllisches
Thüringen,
allerdings mit
vielen Hügeln

Rhönradturnen
oder Kopfstand
in der Rhön.
Ich will meinen
Roller zurück!

Zuckersammlerin
mit 130 000
Zuckerstücken in
Seligenstadt

Im Harlekinäum
in Wiesbaden
steht alles auf
dem Kopf.

Humortest: Wie
lustig sind wir
Deutschen eigent-
lich wirklich?

Downhill-Tret-
rollern mit dem
Bundesverband
für Tretroller
in Darmstadt

Als grünes
Männchen in
Mannheim nach
meinem Besuch
in der Ufo-
Meldestelle

21 Kilometer
pro Stunde –
Highspeed!

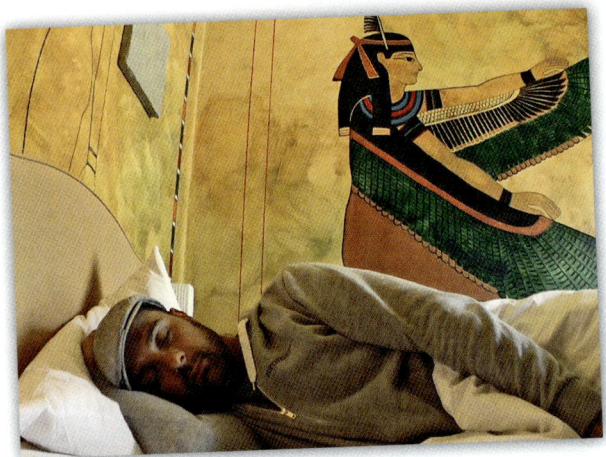

Entspannen
unter der Sphinx:
im Welthotel in
Heidelberg

Nach so vielen
Tretrollertagen
kann ich
nicht mehr!

Haarige Angelegenheit: Bartweltmeister in Schömberg

Datingversuch mit Rauschebart auf dem Schömberger Marktplatz

Eine der beiden
weltgrößten
Kuckucksuhren

Und der größte
Bollenhut der
Welt. Im Schwarz-
wald ist alles
etwas größer!

Bierbrauen mit
der kleinsten
mobilen Brauerei
der Welt

In den Alpen muss ich meinen Tretroller wieder tragen.

Aufstieg zum Ziel: Das ist noch viel anstrengender, als es aussieht!

Yiiiipiiieh, endlich geschafft! 2 505 Kilometer in 81 Tagen

Sehr beruhigend, wo wir beide gerade sehr nah an jener Neigungsseite herumstehen. Ich erfahre, dass der Turm mittlerweile nur noch zwei Zentimeter jährlich schiefer wird, vor den Befestigungsmaßnahmen waren es immerhin noch sechs Zentimeter pro Jahr. Der Bürgermeister fährt fort, dass der Turm zwar nur der zweitschiefste Turm in Europa nach dem Turm in Suurhusen in Ostfriesland mit seinen mehr als fünf Grad Neigungswinkel sei, der Bad Frankenhausener Turm dafür jedoch den größten Überhang habe, da das Suurhusener Bauwerk viel niedriger sei.

Die Schräge möchte ich unbedingt persönlich austesten und bitte um einen Aufstieg. Die sind hier allerdings, im Gegensatz zum Schiefen Turm von Pisa, streng verboten. Strejc und ich reden über die Bedeutung eines von mir ausgedachten Tests, der beweisen soll, wie viele Meter die Spitze des Turms, senkrecht gesehen, neben seinen Grundmauern überhängt. »Auf eigene Verantwortung«, höre ich den jungen Bürgermeister im schwarzen Anzug sagen, als er eine Holzleiter aus dem Kirchhof holt, die bis in die drei Meter hoch gelegene Kirchturmluke reicht. Danach folgen kleine Holztreppchen, die durch die doppelte Schiefstellung des Turms kreuz und quer verzogen sind. Der Kirchturm ist nämlich kein durchgängig schiefes Gebäude, sondern weist auf circa 20 Meter Höhe einen zusätzlichen Knick auf, die obere Hälfte konnte es wohl nicht abwarten und hat schon mal auf eigene Faust versucht, als Erste den Boden zu berühren. Im Turminneren gibt es kein Licht, sodass ich Strejc schnell aus den Augen verliere und unter den knirschenden Holzstufen von irgendwo weit hinten höre: »Ich hab Höhenangst, weiter geh ich nicht!« Spitze, der Bürgermeister macht schlapp, und ich kämpfe mich gerade über unbefestigte Holzpanelen um die Kirchturmglocke herum. Geländer fehl am Platz, 40 Meter blicke ich in die Tiefe, und kein TÜV kann mir sagen, ob ich mich gerade am ungesichertsten Bauwerk der Welt befinde. Eigentlich hatte ich gedacht, dass es nicht schlimmer als mein Aufstieg zum Schiefen Turm von Pisa 1987 im Familienurlaub werden könnte, kurz bevor die Italiener Sicherheitsmaßnahmen für Touristen ergriffen und man sich seitdem nicht mehr außen am Turm ohne Geländer hochwinden muss. Doch weit gefehlt. Was die Italiener schon vor über 20 Jahren vollzogen haben, steht den Bad Frankenhausenern noch bevor. Ich rufe zum Bürgermeister hinunter: »Hält das hier oben alles?« Der Bürgermeister daraufhin wieder ganz locker: »Jaja, oben geht's dann durch die Luke, da müssen Sie sich einmal an der großen Kirchturmglocke vorbeischwingen!«

Hat er »vorbeischwingen« gesagt? Ich fühle mich wie ein ängstliches Känguru-Baby, das sich an seiner Känguru-Mama festklammert, nur dass die Känguru-Mama in meinem Fall die Glocke mit bestimmt einem Meter fünfzig Durchmesser ist. Sie verfügt über einige Halterungsvorrichtungen, an die ich mich mit Händen und einem Fuß klammere, mit dem anderen Bein abstoße, um die Glocke herumschwinge und endlich einen guten Meter entfernt auf einer Holzplanke lande. Unter mir das tiefe Nichts. Dann der ersehnte Durchbruch durch die Luke auf die obere Turmplattform!

Ich befinde mich wieder im Babymodus, als ich langsam auf die schiefe Plattform krabbele. Extrem langsam krieche ich auf sie drauf, da ich mich mittlerweile in fast 50 Metern Höhe befinde und es um die schiefe Plattform herum kein Geländer gibt. Ich spüre, wie ich langsam wegrutsche, allerdings zum Glück nicht so weit, dass es gefährlich wird. Ich schaue unter meine Knie und merke, warum: Unter mir ist alles durchgehend voller Taubenscheiße. Nun bin ich nicht nur gestresst, sondern auch noch komplett eingesaut.

Mir bleibt nichts anderes übrig als Verdrängung, damit ich mich mit dem eigentlichen Test befassen kann. Aus meiner Umhängetasche hole ich eine 250-Gramm-Magerquarkpackung heraus und lasse sie an der Überhangseite des Turms hinunterplumpsen.

Nach der unglaublichen Abstiegstortur gehe ich mit einem Maßband zur Aufprallstelle des Magerquarks, die zum Glück noch zwei Meter vom nächsten Auto entfernt ist. Ich messe den unglaublichen Abstand der Aufprallstelle zur Turmwand: 7,30 Meter bei einer Abwurfhöhe von knapp 50 Metern, das macht, auf die Gesamthöhe des Turms von 56 Metern umgerechnet, einen Überhang von beinahe acht Metern! Absolut rekordverdächtig. Doch Bürgermeister Strejc zweifelt meine Berechnungsmethoden an und redet von einem offiziellen Überhang von 4,45 Metern.

Wie dem auch sein mag, ich hatte jedenfalls ordentlich Schiss da oben auf dem Turm, und gleichzeitig war es eine tolle Erfahrung, in einem Bauwerk herumgestöbert zu haben, dass zum einen noch nicht so touristisch durchgestylt ist wie der Schiefe Turm von Pisa, und zum anderen unsere deutschen Tugenden mal richtig auf den Kopf stellt.

Wie gerne schmücken wir uns schließlich mit den Prädikaten Zuverlässigkeit und Präzision? Der schiefe Turm von Thüringen streckt diesem Wahn in gewisser Weise die Zunge raus und ist damit, meiner Meinung nach, ziemlich sympathisch.

Abschließend deshalb die Frage, ob die Bad Frankenhausener genauso schräg drauf sind wie ihr Kirchturm. Ich stehe ungefähr 500 Meter vor der Attraktion auf einer Straße und bitte einige Passanten, sich auf die gerade Linie zwischen meiner Kamera und dem schiefen Turm zu stellen, um sich exakt in die 4,76 Grad Schieflage des Turm zu begeben.

Ich frage drei Leute, und alle drei Leute machen mit – eine unglaubliche Bereitschaft, mal richtig schön schräg drauf zu sein. Als Erster lehnt sich ein Schornsteinfeger in die Schieflage. Wahnsinn, er neigt sich mindestens zehn Grad mehr als der Turm. Als Nächstes kommt eine ältere Dame an die Reihe. Sie beugt sich genauso schief wie der Schornsteinfeger und lässt ihn dadurch ziemlich gerade aussehen. Zur Unterstützung ihrer Schräglage streckt sie ihre Arme senkrecht in die Höhe. Nun ist sie nicht nur schräger, sondern auch fast länger als der Turm, so sieht es zumindest durch das Suchfenster meiner Kamera aus. Der dritte Testkandidat geht eine Symbiose mit dem Turm ein: Exakte 4,76 Grad Neigung, Turm und Mann sind eins!

Ich muss sagen, die Bad Frankenhausener haben den schiefen Turm wirklich verdient. Doch sie müssen dafür kämpfen, der Turm ist vom Abriss bedroht. Seine Schieflage wird von Jahr zu Jahr schlimmer, und Stützvorrichtungen kosten jede Menge Geld. Aus Sicherheitsgründen soll er deshalb weichen.

Liebe Bad Frankenhausener,

ich wünsche Euch weiterhin ganz viel Spaß mit Eurem schönen Turm. Möge er irgendwann stolze 30 Grad Neigungswinkel und unglaubliche 30 Meter Überhang erreichen.
Insbesondere wünsche ich Euch viel Erfolg bei der aktuellen Onlinespendenaktion gegen den Abriss des Turms auf www.der-schiefe-turm.de *– das darf nicht sein!!!*

Euer Swinging Wigge

 Film ab!

Bergfest mit deutschen Gartenzwergen

Zwei Tage später erreiche ich rollernd das verschlafene Örtchen Gräfenroda in Thüringen, das gleich zwei Besonderheiten zu bieten hat: Zum einen steht dieser Ort für die Erfindung des deutschen Gartenzwergs, zum anderen steuere ich auf das Bergfest meiner Reise zu. Heute ist Tag 39, Zeit für eine Halbzeitanalyse.

Super: Ich bin 1298 Kilometer gerollt, befinde mich also bereits 50 Kilometer über meinem erforderlichen Halbzeitsoll!

Weniger super: Ich habe erst 13 der vorgenommenen 30 Orte mit Besonderheiten besucht. An jedem dieser Orte muss ich jeweils einen Tag für die Videoreportagen einplanen. 30 Drehtage, die natürlich von den insgesamt 80 Tagen abgehen. Momentan befinde ich mich zwei Geschichten hinter meinem Soll.

Darum muss es schnell weitergehen. Nachdem ich kurz mit Mechthild angestoßen habe, mache ich mich auf zu Herrn Reinhard Griebel, dem Urururenkel des großen Griebel, der im späten 19. Jahrhundert den Gartenzwerg auf folgende ausgeklügelte Art und Weise erfunden haben soll: Urururgroßvater Griebel produzierte damals Tierfiguren und Tierköpfe. Eines Tages soll es ihm unbestätigten Überlieferungen zufolge wohl derart langweilig gewesen sein, dass er einem dieser Tiere einen Hut aufsetzte. In diesem Moment war er geboren, der deutsche Gartenzwerg mit Zipfelmütze.

Noch heute sitzt also ein Griebel in einer thüringischen Manufaktur und gießt immer neue Gartenzwerge. Hunderte von Zwergen kann ich hier erblicken, große, kleine, bunte, einfarbige, Gartenzwergfamilien, Metzgergartenzwerge, Fußballgartenzwerge und sogar Gartenzwerge mit Bierkrügen in der Hand – es ist die wahre Freude für einen Gartenzwergenthusiasten. Reinhard Griebel erzählt mir, dass er die Zwerge weltweit verkauft und oftmals Anfragen von Filmproduktionen erhält, wie beispielsweise unlängst für den Film *Quellen des Lebens*, in dem Jürgen Vogel einen Gartenzwergproduzenten in den 1950ern spielt. Reinhard Griebel macht es möglich, dass solche Szenen originalgetreu nachgestellt werden können.

Obwohl die Gartenzwergszene recht konservativ und spießig ist, hat Griebel durchaus schon kleine Revolutionen gestartet, etwa mit der Produktion von Gartenzwergfrauen und Gartenzwergfrauen in Reizwäsche. Unerfreulicherweise führte ihn das vor Gericht, in deutschen Schrebergärten herrscht eben doch noch Zucht und Ordnung.

Der Ort hat also eine sehr lange Gartenzwergtradition, zwischenzeitlich gab es hier sogar 16 Gartenzwergmanufakturen – da fällt mir etwas Komisches auf. Ich teste, wie viele Gartenzwerge ich in Gräfenroda innerhalb von drei Minuten finden kann. Meine Erwartungshaltung liegt bei Hunderten, wenn nicht sogar Tausenden. Ich stelle mir vor, wie ich durch den Ort renne und mir die als Gartenzwerge verkleideten Bauarbeiter fröhlich zuwinken. Ich phantasiere, wie ich auf dem Bürgersteig unglücklich stolpere, weil dort überall Gartenzwerge herumliegen. Sogar Visionen von einem mit großer roter Zipfelmütze geschmückten Kirchturm hatte ich. Von wegen. Drei Minuten und sehr viele durchwühlte Vorgärten später habe ich lediglich zwei minikleine Gartenzwerge, die in meine Hosentasche gepasst hätten, vorzuweisen. Was ist hier eigentlich los? Offizielles Gartenzwergverbot? Oder hat hier eine chinesische Touristengruppe geplündert?

Eine Anwohnerin erklärt mir dieses Phänomen folgendermaßen: Herr Griebel macht zwar regelmäßig durch regionale Zeitungsmeldungen von sich reden, trotzdem kennen ihn nur wenige Ortsbewohner persönlich, wodurch sein Spezialthema nie so richtig Fahrt aufgenommen hat.

Ich halte Rücksprache mit Herrn Griebel, der mir seine Sicht der Dinge darlegt. Momentan sei die Lokalpolitik zwar durchaus offen für eine Promotion des Ortes als »Welthauptstadt der Gartenzwerge«, die vorherige Kommunalpolitik hingegen hätte bislang einfach zu wenig gemacht. Herr Griebel habe außerdem nach der Wende Pläne, eine touristische Infrastruktur im Ort zu schaffen, die es ermöglicht hätte, im ganzen Ort Besuchern Gartenzwerge zu präsentieren. Doch das Vorhaben verlief im Sande. Herrn Griebels Meinung nach sei der Zug mittlerweile endgültig abgefahren, da helfe auch der geplante Zwergenkindergarten nichts. Hört sich für mich an, als wäre tatsächlich eine große Chance nach der Wende verpasst worden, weil die Erfahrungen für ein ordentliches Marketing schlicht gefehlt haben. Schade.

Ähnliches ist mir beim »Kleinsten Haus« in Wernigerode aufgefallen. Dort ist das Städtchen zwar hübsch hergerichtet und das kleinste Haus als Museum für Touristen zugänglich. Trotzdem hatte ich den Eindruck, dass man mehr aus der ganzen Sache machen könnte, um den Tourismus kräftiger anzukurbeln. Der Ort wirkte ziemlich verschlafen. Während meiner Dreharbeiten im Haus beispielsweise mussten sämtliche Touristen vor verschlossenen Türen warten. Gut für mich, schlecht für den Tourismus.

Herr Griebel berichtet von seinen zahlreichen Ideen für das Anlocken der Touristenbusse. Werbesprüche hatte er entwickelt wie etwa »Vom höchsten Berg zum Gartenzwerg!«, da der fast 1000 Meter hohe Beerberg sich in der Nähe des Dorfes befindet, doch leider wurde auch aus diesem Vorhaben nichts, der Dorfparkplatz wird einzig und allein von unserem Wohnmobil benutzt, anstatt sich mit Ami-Touristenbussen zu duellieren. Irgendwie traurig.

Dabei wäre der Titel als offizielle Welthauptstadt der Gartenzwerge doch passend gewesen. Zum einen haben die Zwerge hier ihren Ursprung, zum anderen leben in Deutschland unglaubliche 25 Millionen Zwerge – das macht einen Zwerg auf ungefähr drei Einwohner, deutlich mehr als in Gräfenroda. Herr Griebel erklärt mir die Beliebtheit der Zwerge bei uns Deutschen folgendermaßen: Es handelt sich dabei um einen treuen und gleichzeitig stillen Begleiter, der keinerlei Probleme macht. Sind wir Deutschen folglich einsam und haben keine Lust auf Freunde, die uns widersprechen? Oder stehen wir nicht doch einfach nur auf lustige und kitschige Figuren in unserer persönlichen kleinen Naturoase?

Film ab!

Desaster vor der Höhle der Sandmänner

Meine dritte Station in Thüringen trägt den wunderbaren Namen »Höhle der Sandmänner«, angeblich ein historisch bedeutsamer Ort. Bevor ich mich ihm allerdings widmen kann, kommt es nach den Feierlichkeiten des Tretrollerbergfestes zum Desaster.

Auf dem Weg zu meiner Route nach einer Nacht auf dem Campingplatz qualmt plötzlich das Wohnmobil. Mechthild und ich finden einen Motor vor, der ziemlich abgebrannt aussieht. Nach Eintreffen des ADAC-Abschleppdienstes erhalten wir die Hiobsbotschaft, dass die Wasserpumpe kaputt sei, mehrere Tage in einer Werkstatt repariert werden müsse und ich einen außerordentlich peinlichen Fehler begangen habe: Vor dem Eintreffen des Abschleppdienstes hatte ich versucht, Kühlwasser nachzufüllen und dabei den falschen Flüssigkeitstank erwischt. Dank mir sind nun zwei zusätzliche Liter Wasser im Öltank.

Ich ärgere mich schwarz, aber geschehen ist geschehen, Schuld ist mal wieder die Eile. Der Abschleppdienst verdreht die Augen und befindet: »Die Motorreinigung dauert mehrere Tage, alles muss ausgebaut werden. So schnell kommen Sie hier nicht mehr weg.« In mir steigt Panik auf. Wenn das Wohnmobil mehrere Tage schachmatt gesetzt ist, kann Mechthild mich nicht von den Tretrollerstrecken abholen, und damit bin ich ebenfalls schachmatt gesetzt. Die 80 Tage kann ich jetzt vergessen!

Und es kommt noch schlimmer. Der Abschleppdienst schleppt uns zur nächsten Werkstatt ab und befiehlt mir: »Gang raus und bremsen, wenn es den Berg runter geht!«

Gesagt, getan, ich sitze am Steuer und denke an nichts anderes als meine verlorene Challenge. Ich frage mich, ob eine verspätete Weiterfahrt überhaupt noch einen Sinn hat. Die Deutschlanderkundung wäre noch spannend, aber Rolf Rische stünde ich als Verlierer mit Wasser im Öltank gegenüber.

Während ich so vor mich hin grübele, spüre ich, dass beim Ziehenlassen des Wohnmobils die Bremsen nicht richtig funktionieren. Ich trete feste drauf und bremse trotzdem nur seeeeehr langsam.

An einer dicht befahrenen Kreuzung dann das Desaster, während ich links abbiege. Durch die Drehung des Lenkrades rastet das Lenkradschloss ein, sodass das Wohnmobil mit einem heftigen Ruck nach links gerissen wird, geradewegs zu auf ein Superhightech-Wohnmobil auf der entgegenkommenden Spur. Ich trete mit all meiner Kraft in die Eisen, zum Glück mit trainierter Tretrollermuskulatur, und das Wohnmobil kommt 30 Zentimeter vor dem Supermobil zum Stehen. Der Abschleppwagen wird durch das Verbindungsseil mit einem Ruck zurückgerissen. Glücklicherweise hatte er so viel Abstand gehalten, dass er uns nicht hinten drauf fährt. Hundert Steine fallen mir vom Herzen!

Der Abschleppchef kommt an meine Tür und motzt: »Warum machen Sie nicht die Zündung beim Fahren an, wie ich es gesagt hab?!« Nein, hat er definitiv nicht gesagt, hätte ich aber theoretisch trotzdem gewusst, wenn ich nicht dermaßen abgelenkt gewesen wäre von den Gedanken über die vermieste Challenge.

Nun sitze ich unter Adrenalinschock am Bürgersteigrand, alles ist verloren, das Wohnmobil kaputt, und fast hätte ich ein acht Meter langes Hightech-Wohnmobil mit Satellitenschüssel mit unserem klobigen alten Caravan vereint. Ich kann es kaum fassen, wie nah auf dieser Reise die Höhen und Tiefen beieinanderliegen. Heute früh auf dem Campingplatz schien die Sonne, ich habe von der ersten 100-Kilometer-Tagesetappe gefaselt, und jetzt passiert nur noch Schrott!

Mir fällt Achim Puschnik ein, ein pensionierter Kumpel und ehemaliger Automechaniker/Musiker/Hochschuldozent/Tüftler aus Berlin. Er hilft mir immer bei meinen Autoreparaturen und kennt sich mit den Dingern auf vier Rädern so gut aus wie ich mittlerweile mit dem Inneren meiner Wohnmobilölwanne.

Zwei Stunden später steht er neben unserem Goldstück. Wie hat er das geschafft? Laut meinem Navi beträgt die Strecke nach Berlin 300 Kilometer! Achim verrät des Rätsels Lösung nicht, sondern leert im Handumdrehen die arme Ölwanne und baut ein kleines Gerät aus dem Motor aus. »Der Wasserverlust hatte nichts mit einer kaputten Wasserpumpe zu tun. Die wollten dir Quatsch andrehen«, meint er.

Nach gerade mal einer Stunde ist das Mobil wieder fit. Achim, tausend Dank für die Rettung zum Bergfest!

Ich kann aufatmen und erleichtert weiterrollern, Mechthild fröhlich den Caravan weitersteuern, und ich schaffe abends im Sonnenuntergang noch 30 Kilometer mit einem wirklich harten Sprint.

Das war der bislang größte Schock der Reise. Noch einen Tag danach bin ich total müde durch die vorhergehende Anspannung. Aber ich fühle mich glücklich. Die Liste meiner Empfehlungen fürs Glück wächst: Lange dursten, Portemonnaie verlieren, Wasser in den Öltank schütten, beinahe in ein Hightech-Wohnmobil reindonnern!

Der Besuch der Höhle am übernächsten Morgen nach einer weiteren kurzen Tretrollerstrecke wird nun fast zur Nebensache, doch ich konzentriere mich, denn es geht dabei auch um einen eher traurigen Teil unserer Geschichte. Die Sandsteinhöhle im thüringischen Walldorf besitzt eine beachtliche Größe von 65 000 Quadratmetern, also die Größe mehrerer Fußballplätze. Sie wurde im 19. Jahrhundert von den sogenannten Sandmännern mit Hammer und Spitzhacke ausgehoben.

Ich schaue mich in dem unterirdischen Labyrinth um und bin sprachlos. Wie soll man in dieser bedrückenden Enge arbeiten?

Der aktuelle Pächter Bernd Hartung erklärt mir, dass die schwer schuftenden Tagelöhner so gut wie mittellos waren und aus finanzieller Not ihr Dasein in dieser Höhle fristen mussten, um Streusand für die Gutsherren abzubauen. Das Absurde daran ist, dass sie Streusand jederzeit von den Feldern der Gutsherren hätten holen können. Doch um eine Verschandelung der Felder zu vermeiden, haben die mächtigen Männer ihre Arbeiter unter der Erde versklavt.

Immer tiefer laufe ich mit Hartung in das unterirdische Labyrinth und kann seine Ausdehnung kaum begreifen. Diese gigantische Höhle sollen die Menschen allein mit Hammer und Spitzhacke geschaffen haben? Hartung gibt mir die besagten beiden Werkzeuge, um die harte Arbeit selbst zu testen. Also haue ich mit der Spitzhacke in die Wände, aber kaum etwas tut sich. Ich komme nur sehr schlecht voran, schaffe es gerade mal, ein kleines Loch in die Wand zu schlagen, bis mir die Puste in der stickigen Höhle ausgeht – und das nach 1352 Kilometern Fitness!

Zur Veranschaulichung dieser Mühsal hat Hartung Styroporfiguren aufgestellt, sodass die Besucher die damaligen Arbeitsschritte genau nachverfolgen können. Doch etwas Komisches fällt mir auf: Die Höhle ist zweigeteilt. Zuerst konfrontiert man die Besucher mit ernster Geschichtskunde, dann folgen Aufsteller von Märchenfiguren wie Hänsel und Gretel, dem lustigen Hollywood-Fisch Nemo oder einem großen orangenen Dinosaurier, wohl um mehr Touristenfamilien anzulocken. Klar muss man auch an sein Geschäft denken, aber diese Mischung aus Märchen und Realität verwirrt mich doch ein bisschen. Wie sollen gerade Kinder, für die die Märchenwelt schließlich gedacht ist, hier zwischen Fakt und Fiktion unterscheiden?

Na ja, zumindest scheint Hartungs Marketingkonzept im Gegensatz zu dem (nicht existierenden) von Gräfenroda irgendwie zu funktionieren, Höhle und angeschlossener Kinderfreizeitpark ziehen anscheinend Scharen von Touristen an.

Wie es mir als Tourist auf den Schlafplätzen der letzten Wochen ergangen ist, erfahrt Ihr im Folgenden.

Wernigerode
Man könnte meinen, Wernigerode und Bad Frankenhausen hätten sich abgesprochen. Die einen haben das kleinste Haus, die anderen den schiefsten Turm. Doch nein, jeder macht ganz für sich sein eigenes Marketing, und so bin ich hier neben dem kleinsten Haus zufällig auch auf das sogenannte schiefe Haus gestoßen, das als etwas ganz Besonderes angepriesen wird. Bitte, liebe Wernigeroder, bleibt bei dem kleinsten. Das schiefe gehört Bad Frankenhausen, basta.

Gieboldehausen
Der klobige Name verrät die Besonderheit dieses Ortes wohl noch nicht ganz. Der Besitzer eines der beiden lokalen Restaurants erzählt mir, dass die Bewohner von Gieboldehausen auch die »Siebensinnigen« genannt werden, da sie seit Urzeiten dafür bekannt sind, alle eine andere Meinung zu haben. Wie der Restaurantbesitzer betont, hat Gieboldehausen allerdings noch mehr zu bieten: Einst war der ehemalige deutsche Papst gerade mal 30 Kilometer entfernt zu Besuch, quasi in Gieboldehau-

sen also! Darauf zumindest können sich alle Dorfbewohner einigen.

Hannoversch Münden

Diese Stadt sticht zunächst durch ihren tollen Altstadtkern zwischen den beiden Flüssen Wera und Fulda hervor. Doch Vorsicht! Da ist noch viel mehr! Abends mache ich mich auf die Suche nach einer Fußballkneipe, um das Champions-League-Halbfinale zu schauen. In der 52. Minute habe ich dann schließlich die einzige Übertragung von Bayern – Barcelona in der Stadt gefunden. Und dort bekomme ich die Schattenseiten der historischen Stadt zu hören: »Iiiich find den Roooobben soooo scheeeeiße, das Arschloch!« Ein anderer Fan, fast genauso breit, brüllt: »Eeeey, lass das Arschloch in Ruhe, der spielt super!« Fan eins kontert mit: »Suuuperarschloch!« Hinter Hannoversch Mündens historischer und lieblicher Fassade wird es richtig lustig, bloß nicht verpassen!

Niederdorla

Dieser Ort steht nicht nur für den Mittelpunkt Deutschlands. Direkt im Zentrum unseres Landes ging es einst nämlich richtig grausam zu. Neben dem Mittelpunkt-Markierungsstein befindet sich ein Steinaltar. Dieser gehört zum sogenannten Opfermoor und war zwischen dem 6. und 11. Jahrhundert eine Opfer- oder eher Abschlachtstätte der Germanen. Hier wurden nach neuesten Erkenntnissen 334 Tiere und mindestens 40 Menschen geopfert, meistens mithilfe von Äxten, Keulen oder Hämmern. Wenig lieblich, solch einen Ort genau am Mittelpunkt unseres Landes zu haben!

Mühlhausen

Diese Stadt wird hinter vorgehaltener Hand die Abbey Road der deutschen Musikszene genannt – bei mir zumindest, denn hier lebte nicht nur Johann Sebastian Bach, sondern auch sein viel erfolgloserer Sohn, der Organist Johann Gottfried Bernhard Bach, sowie der gänzlich unbekannte Musiktheoretiker Bernhard Ziehn.

Bad Frankenhausen

Nicht alles hier ist so schief wie der schiefe Turm, stammt doch aus diesem New York des Ostens unser großes und exakt gerade gebautes Topmodel Eva Padberg.

Meiningen

Welche Stadt könnte zu Meiningen passen? Solingen oder Tübingen vielleicht, zumindest würde sich das reimen. Die Meininger befanden als historische Kulturstadt Südthüringens jedoch, dass zu Meiningen am besten Meiningen passe, und so wählten sie als Städtepartner im Ausland einfach Meiningen aus Österreich aus. Wenn sich die Bürger beider Städte besuchen, muss sich also niemand an komplizierte neue Namen gewöhnen. Sehr gut durchdacht!

Film ab!

Schiebend zum Hochsicherheits-
sicherungsstreifen

Meine weitere Strecke mit dem Tretroller klingt wie ein Kinderspiel: 22 Kilometer, endlich mal wieder eine kurze Strecke. Nur leider entspinnt sich schon wieder ein Drama. Mein Navi will erneut Landstraße fahren, ich nicht. Also mache ich es auf eigene Faust, orientiere mich an Schildern und Karten und lande immer wieder auf kleinen, matschigen Feld- und Waldwegen, auf denen ich nur schiebend vorankomme. Die 22 Kilometer nehmen dadurch einen ganzen Tag in Anspruch.

An einer Stelle endet der verheißungsvolle Waldweg einfach im Nirgendwo. Ich schaue links, rechts und vor mir hinter dem dichten Gebüsch, aber er führt nicht weiter. Irgendjemand schien keine Lust zu haben, ihn weiterzubauen. Ganz in der Nähe entdecke ich eine Eisenbahntrasse und sehe durch die Bäume hindurch, dass circa 30 Meter weiter unten eine Landstraße verläuft. Mir bleibt nichts anderes übrig, als durch das Dickicht die steile Böschung hinunterzukriechen. Sie ist derart steil, dass ich Ferdinand kaum halten kann und deshalb das Risiko eingehen muss, ihn langsam den Hang hinuntergleiten zu lassen, damit ich sicher nach unten gelange. Doch der Gleitversuch endet in einem Fall, sodass Ferdinand nicht besonders sanft im Straßengraben landet.

Ich selbst muss mich an Baumästen festhalten, damit ich nicht abrutsche. Ich liege regelrecht mit meinem Oberkörper am Hang. Aus Versehen löse ich Bahntrassensteine, die dann im Graben auf Ferdinand drauffallen.

Was mache ich hier eigentlich? Eine erbauliche, wenn auch schon mal schweißtreibende Tretrollerfahrt durch das von A bis Z durchstrukturierte Deutschland sollte die ganze Sache werden. Stattdessen komme ich mir vor wie ein Gefängnisflüchtling, der sich gerade an der Außenwand von Alcatraz abseilt, oder wie Christopher McCandless, der in Sean Penns Verfilmung von *Into the Wild* in der Wildnis von Alaska versucht zu überleben – was bedauerlicherweise missglückt.

Nein, ich hänge an irgendeinem Bahndamm zwischen Meiningen und Behrungen an einer viel befahrenen Straße, wo mich aus Schulbussen die Kinder argwöhnisch anschauen, während ich ungefähr genauso albern aussehe wie vor zwei Wochen an der alten Gerichtseiche im Reinhardswald. Irgendwie schaffe ich es, dieses Spektakel zu beenden und zurück in der Zivilisation über ordentliche Fahrradwege zu rollern (nein, ich musste keine Fische mit einem Speer jagen und habe auch kein rotes Indianertuch um die Stirn gebunden).

Am Ende dieser kleinen Safari stehe ich mit Mechthild am ehemaligen Grenzzaun zwischen Ost- und Westdeutschland im Örtchen Behrungen, in dessen Freilandmuseum viele Überreste der alten Sperranlage zu bestaunen sind. Hier verlief zwischen 1949 und 1990 die fast 1400 Kilometer lange innerdeutsche Grenze, die zwar nur ein Land und doch zwei Weltsysteme trennte:

Demokratie und soziale Marktwirtschaft auf der einen Seite, Sozialismus und ein totalitäres Regime, das sich regelmäßig mit *völlig* demokratischen 99,9 Prozent wiederwählen ließ, auf der anderen.

Mechthild und ich reden ehrfürchtig darüber, dass wir diese Tour niemals zusammen hätten machen können, wäre Deutschland noch geteilt. Wir schlendern um den alten Grenzturm mit seiner auffälligen Videokameraausstattung herum, besuchen alte Grenzbunker, sehen eine Menge Stacheldrahtzaun und auch den ehemaligen Grenzstreifen. Trotz des schönen Maiwetters kommt bei mir ein mulmiges Gefühl auf. Menschen, die in ihrem eigenen Land eingesperrt sind? Hört sich unvorstellbar und irreal an. Und doch ist so etwas auf keinen Fall nur der Vergangenheit zuzurechnen. Vor einigen Jahren habe ich Israel und Palästina für eine Videoreportage besucht und dabei die Grenzmauer zwischen beiden Völkern betrachtet, die ähnlich wie damals die Berliner Mauer ganz Jerusalem unüberwindbar spaltet. Auch an die hohen Absperranlagen zwischen Mexiko und den USA erinnere ich mich, sie sollen etwaige Menschenströme von Süden nach Norden verhindern. Und auch die Exklave Melilla in Marokko ist vom Rest des Landes komplett abgeschottet. Dieses kleine Stückchen Erde gehört zu Spanien und wird durch einen sechs Meter hohen Zaun und einen dreireihigen Wall von Afrika und möglichen Flüchtlingen abgeschirmt.

Was für mich in Deutschland wie eine skurrile Abart unserer Geschichte wirkt, ist an verschiedenen Orten der Welt noch bittere Realität.

Ich erinnere mich an die sechsteilige 1980er-Jahre-ARD-Verfilmung *Die Wächter* des englischen Romans *The Guardians*. Die Handlung spielt im England des 21. Jahrhunderts, in dem zwei Landkreise durch einen Zaun unüberwindbar voneinander getrennt sind. Die Menschen in dem einen Landkreis leben fortschrittlich, aber hektisch und mit gesellschaftlichen Problemen behaftet. Die Menschen im anderen Landkreis leben rückständig, aber inmitten prächtiger, urwüchsiger Natur. Es wird einem vorgeführt, wie beide Seiten einander überhaupt nicht kennen und trotzdem starke Vorurteile über die jeweils anderen besitzen, ohne diese jemals überprüfen zu können.

Vergleichbares ist mir bei meinem Besuch in Israel und Palästina aufgefallen. Zahlreiche Bürger fingen schnell an zu reden über die schlechten Israelis oder umgekehrt über die bösen Araber. Auf meine Frage hin, wie viele Menschen der jeweils anderen Gruppe sie schon persönlich kennengelernt hätten, musste ich überraschend oft hören: »Noch niemanden.«

Ähnliches erlebe ich, als ich nun im kleinen Behrungen eine ältere Frau am Gartenzaun nach ihren Erfahrungen in der DDR befrage. Sie erzählt, dass alles toll war, ihr Mann eine hohe Position beim Staat hatte und die Negativgeschichten über die DDR im Westen überzogen seien. »Man musste sich halt nur anpassen, dann klappte das schon alles«, so ihre Meinung. Als ich sie frage, ob sie niemals neugierig gewesen sei, was hinter der unglaublich nahen und trotzdem unüberwindbaren Grenze lag, antwortet sie: »Nö, hat mich nicht interessiert.«

Meinem Eindruck nach hatten ihr Mann und sie sich dem DDR-Regime und seiner Ideologie angepasst, konnte davon profitieren und werteten die andere Staatsform dadurch pauschal ab.

Ich treffe an der ehemaligen Grenze aber auch auf einen Mann, der schon aus der Ferne vor sich hin schimpft: »Diese Scheiße damals, das waren alles Verbrecher.« Er erzählt mir von den Repressalien, die er in dem früheren System für jede Unangepasstheit erleiden musste, und er beschreibt, wie er als 20-Jähriger oft auf der Landstraße in Grenznähe stand und neugierig zur Westseite hinüberblickte. Zu gerne hätte er gewusst, wie es dort wohl aussah, doch er durfte die andere Straßenseite aufgrund der Nähe zur Grenze nicht betreten.

Der Bürgermeister von Behrungen macht mir das Ausmaß der rekordverdächtigen Grenzanlange zwischen Osten und Westen deutlich:

»Zuerst kam der 500-Meter-Schutzstreifen, dann der Kontrollzaun, gefolgt vom 500-Meter-Sperrgebiet, darauffolgend der eigentliche Grenzzaun, danach der Grenzstreifen, dahinter der Kfz-Sperrgraben, schließlich die Sicherungsanlage mit Selbstschussvorrichtung und zusätzlich das vorgelagerte verminte Gelände!«

Mit solch einer Perfektion hatte ich trotz aller Geschichtskenntnis nicht gerechnet. Ich schaue den Bürgermeister schweigend an. Was für ein grausam detailliertes Einsperrsystem. Was für eine Brutalität, jeden potenziellen Flüchtling auf so eine Weise abschrecken zu wollen.

Der Bürgermeister erzählt mir, dass es verschiedene Fluchtversuche in der Behrunger Gegend gab, keiner davon jedoch erfolgreich. Im benachbarten Landkreis wurde ein Flüchtling durch eine Tretmine zum Behinderten.

Diese ganzen Geschichten machen mich doch ziemlich trübsinnig, und so ziehe ich nachdenklich von dannen, zurück zum Wohnmobil, das allein auf einer riesigen Wiese neben dem letzten Grenzturm steht.

Abends besuche ich den Studenten und Wigge-Spotter Franz Michel. Er hat mich zum Soljanka-Essen eingeladen, dem typischsten aller DDR-Essen. Wir sitzen am Esstisch in der Küche und schlürfen die gute, alte DDR-Suppe, während seine Mutter mir beschreibt, wie das Leben im Osten an der Fünf-Kilometer-Sicherheitszone damals war:

»Nur mit Sondergenehmigung durften wir in diesen fünf Kilometern Freunde und Verwandte treffen. Dort war alles überwacht. Jeder Schritt und Tritt. Niemals hätte irgendjemand es gewagt, etwas zu klauen oder sonstige, auch nur annähernd kriminelle Energie an den Tag zu legen. Das merkt man heute noch. Hier an der ehemaligen Grenze existiert so gut wie keine Kriminalität. Die strenge Überwachung steckt noch in den Köpfen der Leute.«

Franz' Eltern erzählen mir weiterhin, dass man Westverwandtschaft nur nach einem komplizierten Sondergenehmigungsprozess im außerhalb der Grenzzone liegenden Meiningen treffen konnte. Man lebte hier also tatsächlich irgendwie am Ende der Welt. Franz sagt lachend: »Ja, am eigentlichen Ende der Welt befanden *wir* uns, nicht du mit deinem *Ohne Geld ans Ende der Welt*-Projekt!« So war das wohl. Das staatlich verordnete Ende der Welt.

Auf dem Rückweg zum Wohnmobil treffe ich erneut auf die Frau am Gartentor in Behrungen, die eine solch wunderbare Zeit in der DDR hatte. Sie erzählt mir nun von der Zeit nach der Wende und von den Schicksalen der sogenannten Wendeverlierer, die ein paar Jahre später kaum noch Beachtung fanden. Sie beschreibt, wie hauptsächlich die Leute um die 50 keine Chance mehr hatten, sich erfolgreich in die Marktwirtschaft zu integrieren, da die schnellen und tief greifenden Veränderungen für sie kaum mehr umsetzbar waren. Das bisherige System verschwand über Nacht, und das neue war zu hart, als dass es Rücksicht auf die Älteren genommen hätte. In den gesamtdeutschen Medien fand dieses unangenehme Thema einer verlorenen Generation allerdings wenig Beachtung, was laut meiner Gesprächspartnerin zum Teil auch daran gelegen haben mag, dass sich die Betroffenen dafür schämten und ihr Leid verheimlichten.

Ich verabschiede mich nachdenklich, denn von der Generation der Wendeverlierer habe ich als Heranwachsender im Westen wirklich nicht besonders viel mitbekommen. Hoffentlich haben sie den Übergang inzwischen hinter sich lassen können.

 Film ab!

1404 km

Schwerelos im Rhönrad

Um acht Uhr früh tretrollere ich mit Ferdinand über das ehemalige Grenzgebiet nach Bayern. Die kulturellen und teilweise auch wirtschaftlichen Unterschiede sind deutlich sichtbar: Zwiebelkirchtürme und eine gute Infrastruktur. Die Dörfer hier haben schnell mal eine eigene Therme oder Hightech-Bushaltestellen mit blauer Nachtbeleuchtung und aufwendigen Glasdächern. Die Bayern lassen eben nichts anbrennen.

Meine Strecke durch die Rhön ist wieder kurz. Nach 30 Kilometern erreiche ich Schönau an der Brend – doch der Weg dahin ist überraschend schwierig. Ich kann mich kaum motivieren, das Mittelgebirge hoch- und wieder runterzurollen, fühle mich schwach, schiebe, rollere, schiebe, mache Pause, halte an. Irgendwie ist heute ein Null-Bock-Tag.

Ich schaue nun auf 46 Tage und 1404 Kilometer zurück, und habe noch 34 Tage und über 1000 Kilometer vor mir. Die Mühen der letzten knapp sieben Wochen haben ihre Spuren hinterlassen. Jeden Tag Action, keine Pause, kein Wochenende, immer machen, machen, machen. Ich bin groggy und phantasiere mittlerweile von faulen Filmabenden in Berlin, von einem Sommer an Beachbars, vom süßen Nichtstun. Aber das ist nicht drin, also schleppe ich mich im Schneckentempo zu meinem nächsten Deutschlandstopp und verbringe die Nacht im Wohnmobil.

Auch am nächsten Morgen ist es noch nicht besser, ich krieche total fertig durch den Ort, schütte mir übertrieben zuckrige Energiedrinks die Kehle runter, und nichts hilft, ich könnte auf dem Marktplatz auf der Stelle einschlafen. Wann kommt nur mein alter Schwung zurück?

In Schönau an der Brend stehe ich vor dem ersehnten Denkmal, keines von Goethe, Schiller oder Mozart, sondern von einem Rhönrad. Bei diesem Rad handelt es sich um zwei circa 2,50 Meter hohe Metallräder, die durch Metallstreben miteinander verbunden sind und als Sport- und Kunstgeräte zum Einsatz kommen.

Im kleinen Dorf Schönau wurde das Rhönrad in den 1920er-Jahren erfunden und ist mittlerweile weltweit bekannt. Die hiesige Rhönradtrainerin Anita Wagner erzählt mir, dass es 1500 Rhönradvereine in Deutschland gebe. Insgesamt sollen 5000 bis 7000 Deutsche aktiv diese Sportart betreiben, und bei internationalen Wettkämpfen stauben unsere Landsleute regelmäßig den Großteil der Medaillen ab.

Ich beobachte, wie Anita und ihre Kollegin grazile Bewegungen im und auf dem Rhönrad machen. 360-Grad-Drehungen mit dem gesamten Rad, Umschwünge auf dem Rad, unglaubliche Körperdrehungen im Rad, während es sich ebenfalls dreht, es sieht alles einfach toll aus. Also muss ich auch ran.

Meine Füße werden im Rhönrad angeschnallt, ich halte mich oben an den Metallstreben fest, sodass ich mit ausgestreckten Armen und Beinen darin klemme. Anita dreht das Rad komplett um seine eigene Achse, und ich selbst drehe genauso am Rad, da ich auf dem Kopf stehe, waagerecht stehe und wieder zurück auf den Kopf rolle. Und immer wieder ruft Anita: »Füße runterdrücken, Füße runterdrücken!«

Ich bin völlig überfordert, ich weiß überhaupt nicht mehr, wo oben und unten ist, ob ich mich freuen oder gleich loskotzen soll. Dann die nächste Übung: Ich werde oben auf das 2,50-Meter-Rad gesetzt. Anita rollt es nach vorne, sodass ich immer weiter robben muss, um nicht herunterzufallen. Ein Adrenalin- und Angstschwall überflutet mich. Ich bin nicht fürs Rhönrad gebaut.

Zum Schluss noch die lustige Hamsterübung: Ich krabbele unten im Rhönrad herum wie ein Hamster. Anita dreht das Rad ständig weiter nach vorn, und ich stolpere hilflos weiter durch das Rhönrad. Gerne hätte ich vor Frust ins Rad gebissen.

Zurück im Ort, erzählen mir die Bewohner, dass hier früher wirklich jeder Rhönrad geturnt habe, ein wahrer Dorfsport. Inzwischen hat das abgenommen, es stehen auch keine nach einem kleinen Testversuch vergessenen Rhönräder mehr in den Wohnzimmern herum, doch das Dorfwappen zeigt stolz die hiesige sportliche Erfindung, und immerhin noch 30 Leute aus dem kleinen Dorf sind im wettkampforientierten Rhönradverein aktiv.

Nach dem 16. speziellen Deutschlandort meiner Reise ist es nun auch Zeit für ein Fazit bezüglich des Zweierteams Mechthild und Wigge. Schließlich hausen Mechthild und ich auf sieben Quadratmeter Wohnfläche. Einige kennen es vielleicht: Man reist mit Kumpels oder seiner Liebsten in den Urlaub und kehrt mit Exkumpels oder Exfreundin zurück. Intensive Nähe ohne Ende kann schon mal zu Spannungen führen. Als Mechthild zugesagt hatte, mich auf der Tretrollerreise zu begleiten, hatten wir beide wohl die gleichen Sorgen: Wird man sich vor lauter Genervtheit mit Kissen beschmeißen? Wird man sich wegen den kleinsten Kleinigkeiten zanken? Wir haben Glück, bislang gab es keinen einzigen Streit, und es herrscht nie dicke Luft im beengten Caravan. Wir scheinen uns einfach zu mögen und auch mit einer gewissen Sozialkompetenz ausgestattet zu sein. Und doch gibt es diese kleinen Momente, in denen man aufpassen muss.

X: »Wo ist der Wohnmobilschlüssel?«

Y: »Keine Ahnung.«

X: »Solltest du aber.«

Y: »Warum immer ich? Du hattest ihn zuletzt.«

Ebenfalls sehr beliebt:

X: »Das Verbindungsstück zwischen Wohnmobil und Schlauch zum Wassernachfüllen fehlt.«

Y: »Ja, das hattest du abgemacht.«

X: »Nee, ich wusste gar nicht, dass es da überhaupt 'ne extra Öffnung hat.«

Y: »Doch, du hast es doch selbst angeschraubt.«

X: »Hattest du es gestern Abend nicht? Da bin ich mir total sicher …«

Diese Hürden wurden aber alle überwunden, hoffentlich auch weiterhin.

Ich erinnere mich an das Raumfahrtexperiment »Mars 500« in Moskau, das in Vorbereitung auf einen möglichen Weltraumflug zum Mars durchgeführt wurde. Sechs Testpersonen wurden 520 Tage lang in einen Container gesperrt, um zu schauen, was zwischenmenschlich so passiert. Der russische Proband Suchrob Kamalow berichtete, dass es von Anfang an Konflikte gab, deshalb wurde ein Plakat mit der Aufschrift »Im Weltraum wird aus einer Mücke schnell ein Elefant« im Container angebracht. Andere Testpersonen berichteten von Grüppchenbildung untereinander, ähnlich wohl wie in der TV-Show *Big Brother*. Grüppchenbildung ist bei Mechthild und mir glücklicherweise ausgeschlossen, dafür lässt sich sagen, dass nicht nur im Weltraum aus einer Mücke schnell ein Elefant wird, sondern auch in jedem Wohnmobil. Poster mussten wir deshalb allerdings noch keine anbringen.

Film ab!

130 000 Zuckerstücke

Am darauffolgenden Tag düse ich froh gelaunt auf Ferdinand in das Rhein-Main-Gebiet. Die neue Musik auf meinem MP3-Player gibt mir den nötigen Schwung, um wieder Vollgas zu geben. Fünfzig Tage lang habe ich meine Platten rauf- und runtergenudelt, nun tönen neue Interpreten wie Django Django, Kasper Bjørke, Metronomy und Johnny Cash in meinem Ohr. Dazu finde ich ein prima ausgebautes Fahrradwegnetz vor, also Schluss mit nervigen Land- und Bundesstraßen!

Und das Beste: Ich genieße die üppige Vegetation um mich herum, die der Mai uns beschert hat, in vollen Zügen. Überall helles, saftiges Grün, das einen intensiven Duft verströmt. So bewusst wie in den letzten 50 Tagen habe ich die jahreszeitlichen Veränderungen noch nie miterlebt. Angefangen hat es mit den Schneeböen in Schleswig-Holstein, dann begannen die ersten Knospen an den Bäumen zu sprießen, und heute herrscht beinahe schon Hochsommer. Normalerweise ist dieser Wandel der Natur eher eine Nebensache, die man irgendwie am Rande des hektischen Berufslebens ab und zu mitbekommt und sofort wieder vergisst. Hier hingegen erlebe ich bewusst jede kleine Veränderung und freue mich. Außer wenn Regen das Wetter beherrscht. Bislang habe ich höchstens hin und wieder mal über das deutsche Wet-

ter geschimpft und mich in mein Tauschhaus auf Hawaii zurückgesehnt. Während dieser Reise allerdings gehen mir die Niederschlagsmengen in Deutschland richtig
nah. Aufgrund der langen grauen Winter regnet es besonders in den kalten Monaten gar nicht so viel. Statistisch
gesehen, fallen hierzulande von September bis April weniger als 60 Liter pro Quadratmeter. Zum Vergleich: Das
sonnenverwöhnte Honolulu muss in den Wintermonaten
mit 90 Liter Regen pro Quadratmeter rechnen. Wir stehen nicht vollkommen im Regen! Nun, da der Sommer
näher rückt, merke ich allerdings, wie der Regen mehr
wird. Das mag Zufall sein, aber Anfang April war es definitiv trockener. Egal, ich bin nicht aus Zucker, wie Ihr
bei meiner nächsten Deutschlandstation sehen werdet …

50 Tage liegen bislang hinter mir, 30 Tage und 920 Kilometer vor mir. Zwar habe ich mich bislang ganz gut geschlagen und einige Hürden überwunden, aber das Ge-
heimrezept für den Endspurt fehlt. Ich bin fit, rauche
nicht, habe eine gute Tretrollertechnik entwickelt, der
Rücken tut nicht mehr weh, und auch die Landstraßen
weiß ich zu meiden – schneller geht es nicht, muss es
aber, damit ich im Zeitlimit bleibe. Deshalb blicke ich
mich im Wohnmobil nach einer möglichen Hilfe um.
In der unbenutzten Dusche im winzigen Badezimmer-
chen steht noch das Rückenwindsegel vom Erfinderclub.
Schönes Geschenk, aber so richtig konnte ich es bislang
nicht zum Einsatz bringen, da es durch sein Eigengewicht
wahnsinnig viel Rückenwind benötigt. Dazu kommt das
Problem, dass die Strecken nicht immer entlang der glei-

chen Himmelsrichtung führen. Drei Kilometer Rückenwind und zwei Kilometer Seitenwind zum Beispiel würden den ganzen Nutzen zunichtemachen.

Dann krame ich oben über der Fahrerzelle auf meinem Bett herum, wo ich jede Menge Kleidung, Requisiten und Sonstiges verstaut habe. Ich ziehe das Abschleppseil aus einer großen Tasche hervor. Eigentlich war es genial, hinter dem Wohnmobil zu hängen und sich den Berg hochziehen zu lassen. Aber so eine Konstruktion auf öffentlichen Straßen gibt nur Ärger. Damit mal eben 100 Kilometer zu rollern wäre darüber hinaus ein echtes Sicherheitsrisiko. Eine neue Idee muss her!

In Gedanken bei einem raketenbetriebenen Tretroller, der die linke Fahrbahn auf der Autobahn aufmischt, betrete ich in Seligenstadt das Haus von Karin Rädel. Karin ist eine Ikone ihrer Szene, eine regelrechte Berühmtheit in dem, was sie macht: Sie besitzt die typisch deutsche Sammelleidenschaft, und sie sammelt etwas sehr spezielles: Zucker!

Beim Eintreten in ihr 36 Quadratmeter großes Zuckerzimmer wird einem diese Leidenschaft deutlich vor Augen geführt. Karins 130000 Zuckerstücke befinden sich in kleinen ausfahrbaren Regalen, die das gesamte Zimmer schmücken. Überall wohlsortierter Zucker, Zucker, Zucker, oftmals nach dem Puzzlemuster der Verpackung so positioniert, dass sich ein großes Bild ergibt.

Die Herrin des Zuckers besitzt eine unvorstellbare Fachkompetenz. Ganz sachlich, aber voller Euphorie erzählt sie mir die Details über Herkunft und Hintergrund ihrer Zückerchen:

»Diese Stückchen hier sind von 1962 und wurden nur in der chilenischen Staatsairline von den Stewardessen zum Kaffee ausgehändigt, sehr seltene Exemplare. Und dieses Zuckerstück hier stammt von der Weltausstellung in New York von 1939.«

Letzteres Stück mit seiner 1930er-Jahre-Verpackung halte ich zwischen meinen beiden Fingern und spüre, dass ich der falsche Mann für diese Sache bin. Der Zucker bröckelt unter meinem Fingerdruck heimlich im Papier dahin, während Karin mir den langen Weg zu seiner jetzigen Besitzerin detailliert beschreibt. Ich lege das berühmte New Yorker Zuckerstückchen diskret wieder in sein New Yorker Weltausstellungsregal zurück, als wäre nichts geschehen, und bewege mich betont interessiert zur Michael-Schuhmacher-Gedenksammlung hinüber. Diese besteht aus verschiedenen Zuckertüten mit Fotos des Rennfahrers, einmal hält er den Siegerdaumen über den Zucker, ein andermal grinst er freundlich, weil er sich über so viel Süßes genauso freut wie ich. Auf den ersten Platz der Zuckerschönheiten *chez* Karin schafft er es allerdings nicht, denn der gehört ganz klar dem Miniatur-Tante-Emma-Laden. Nicht nur der Laden selbst ist komplett aus Zucker, sondern auch die feilgebotene Ware, von Glühbirnen bis Mehlbeutel. Ich schaue mir die ein bis zwei Zentimeter großen Produkte in den Regalen ganz genau an und stelle fest, dass in ihrer Verpackung tatsächlich nichts als Zucker steckt. Unglaublich! Als ich Karin auf ihre Motivation, so etwas Akribisches, Perfektioniertes hochzuziehen, anspreche, erklärt sie mir, dass das Sammeln eine ausgleichende und beruhigende Wirkung auf sie habe und sie einfach glücklich mache. Sie schaut mich freudig an, und soweit ich das beurteilen kann, hat sie völlig recht mit ihrer Selbsteinschätzung.

Sammeln als Baustein zum persönlichen Glück? Bislang habe ich mich in diesem Reisebericht eher über die Wichtigkeit eines unabhängigen Lebensstils, des Bewusstseins über die Begrenztheit unserer Lebensdauer und regelmäßigen Sports ausgelassen. Jetzt fällt mir ein, was ich total vergessen habe: die Leidenschaft. Was wäre ein Leben ohne Leidenschaften? Ohne das Ausleben von Dingen, die einem großen Spaß machen und sich nicht als Pflicht anfühlen? Gehört dazu wohl auch exzessives Zuckersammeln? Ja, tut es, Karin geht hier eindeutig ihrer Passion nach. Egal, wie verrückt dieses Hobby zu sein scheint, egal, wie unwichtig die Sammlung erscheinen mag, Karin ist vollkommen im Thema und sprüht vor Freude, sobald sie in Zuckersammel-Facts schwelgen kann.

Mechthild und ich sitzen bei den Rädels am Küchentisch zum Frühstück, während Karin zwei große Pakete öffnet. Sie holt ganze französische Zuckersammelsets aus dem einen Paket und weitere Hunderte Zuckerstücke aus dem deutschen Paket heraus. Solche Pakete werden ihr von Leiden(schaft)sgenossen aus ganz Europa zugestellt, da diese Szene sich sehr rege gegenseitig unterstützt. Sie alle *lieben* ihr Hobby! So hören Mechthild und ich beim Frühstück enorme Details über die Welt des

Zuckers in Frankreich sowie über die Zuckerstückverpackung in verschiedenen Airlines weltweit. Was soll ich sagen? Es handelt sich dabei um ausführliche, profunde Fakten eines Themas, dem ich in meinem 36-jährigen Leben bislang nicht die geringste Beachtung geschenkt habe, ohne einen Mangel dadurch zu empfinden. Im Gegensatz zu Karin. Sie ist Rentnerin und hat einen Riesenspaß an dem Thema, sie pflegt gute soziale Beziehungen durch ihr Hobby, und tagtäglich gibt es Überraschungen per Post, die das Thema weiter bereichern. Sie erwähnt, dass gerade die persönlichen Kontakte sie glücklich machen, schließlich sind wir Menschen auf eine gewisse Art und Weise Rudeltiere, die ein gesundes soziales Umfeld brauchen. Damit hat Karin gleich zwei Fliegen mit einer Klappe geschlagen: Leidenschaft + Freundschaften = doppeltes Glück.

Während des Paketöffnens beobachte ich Karin Rädels Stimmung. Sie wirkt sehr zufrieden und weit entfernt von einem Rentnerleben vor dem Fernseher ohne Sinn und Aufgabe. Nun schaltet sich ihr Mann in das Gespräch ein und erzählt Anekdoten vom Leben mit einer passionierten Zuckersammlerin:

»Letztens sind wir in den Urlaub in den Süden gefahren und kamen wieder mit einem Auto voller Zucker. Zuckertauschpartner aus verschiedenen Städten wurden auf dem Hin- und Rückweg noch kurz besucht, und dadurch waren der Kofferraum, die Rückbank und bald auch Teile des Beifahrersitzes bis an die Decke mit Zucker vollgestapelt!«

Herr Rädel nimmt es mit dem nötigen Humor, er scheint sehr gut zu wissen, dass Zucker vielleicht nicht die Welt verändern wird, seine Frau dafür aber einfach eine schöne Lieblingsbeschäftigung hat.

Sind wir Deutschen ein glückliches Volk? Man könnte es annehmen, da insgesamt ungefähr drei Viertel der Deutschen irgendetwas sammeln. Das jedenfalls ist das Ergebnis einer aktuellen Umfrage des Meinungsforschungsinstituts Emnid im Auftrag des Bonuspunkte-Unternehmens Payback. Demnach sammeln die meisten Deutschen – wer hätte es gedacht – vor allem Bonuspunkte (54 Prozent), Bücher (36 Prozent) und CDs (30 Prozent). Bücher und Bonuspunkte als »Sammelobjekt«, na ja. Aber wie heißt es so schön: Traue keiner Statistik, die du nicht selbst gefälscht hast. Wie auch immer, interessant ist zweifellos, dass die klassischen Sammelleidenschaften wie jene für Briefmarken inzwischen nicht mehr so populär sind. Von den deutschen Sammlern widmen sich nur noch circa 21 Prozent den Briefmarken.

Ich recherchiere im World Happiness Index von 2012, der zwar nicht direkt auf den Zusammenhang zwischen Glück und Sammeln eingeht, aber eindrucksvoll versucht, Nationen anhand verschiedener Parameter nach ihrem Glückslevel aufzulisten. Unter den Top Ten der glücklichsten Länder befinden sich hauptsächlich skandinavische Länder, außerdem Neuseeland, die Schweiz, Holland und Kanada. Dieses Glück scheint hauptsächlich durch Wohlstand, hohe Lebenserwartung, soziale Gerechtigkeit und Sicherheit entstanden zu sein. Die unglücklichen Schlusslichter sind vor allem afrikanische Nationen wie Togo, Sierra Leone und Burundi, die von Armut, sozialer Ungerechtigkeit, Epidemien wie AIDS sowie von Kriminalität und Unruhen geprägt sind.

Wie kommt es also, dass das wohlhabende und sozial noch halbwegs faire Deutschland nur auf Platz 30 liegt? Wissenschaftler argumentieren hier, dass die weltweit bekannte »German Angst« zwar abgenommen habe, wir jedoch immer noch keine wahren Optimisten seien, obwohl sich laut einer aktuellen Forsa-Umfrage 78 Prozent der Deutschen als lebensfroh bezeichnen. Ewige Schwarzmaler sind wir demzufolge nicht mehr, aber an einer gewissen Leichtigkeit und einem größeren Optimismus könnten wir wohl noch arbeiten. Das würde uns im Glücksranking mit Sicherheit ein paar Stufen höher bringen.

Interessant, dass in dieser Studie als Glücksfaktoren auch »Arbeit, die Spaß macht«, »leidenschaftliche Hobbys« und »Beziehungen und Freundschaften« miteinbezogen werden – etwas, von dem Karin Rädel durch ihre Zuckerlust profitieren kann. Egal, wie skurril ihr Van-Gogh-Gemälde an der Wand wirkt, das komplett aus Zuckertüten zusammengepuzzelt ist …

Ich verabschiede mich von Karin, um die Statistik nachzuprüfen. Sind wirklich drei von vier Deutschen Sammler? Dreißig Minuten gebe ich mir Zeit, um in der Nachbarschaft solche Menschen aufzustöbern. Nach einigen Absagen an der Haustür gelange ich in den Keller einer Tischlerei, wo der Meister seine alten Holzhobel sammelt und in einer großen Kiste aufbewahrt. Kurz darauf treffe ich auf eine Frau, die mir im Vorgarten ihres Hauses die Holzkutschensammlung ihres Ehemanns präsentiert, bis ich wieder vor dem Haus der Rädels stehe. Nun winkt mich ihr Ehemann zurück ins Haus, da auch er selbst ein passionierter Sammler ist. Wir gehen erneut in den Keller, vorbei am Zuckersammelzimmer, und stehen plötzlich vor riesigen Wandregalen mit historischen Radios aus den Zwanzigern bis zu den Sechzigern. Herr Rädel besitzt mittlerweile 125 dieser Schätzchen und repariert sie sogar selbst. Genauso leidenschaftlich wie seine Frau berichtet er von seinen Kontakten zu anderen Radioexperten, die ihm regelmäßig Baupläne alter Radios schicken.

Ich bin total baff, dass die Rädels parallel ihrer Leidenschaft nachgehen, den Tag teilweise getrennt verbringen, um sich dann abends gegenseitig mit den heißesten Zucker- und Radiosammel-News zu versorgen. Das Bild von zwei glücklichen Rentnern, die eine interessante Balance zwischen Eigenständigkeit und Zweisamkeit leben, taucht innerlich vor mir auf.

Auch Bilder meiner eigenen Hobbys, Leidenschaften und Sammlungen kommen in mir hoch. Als Kind habe ich Münzen und Briefmarken sowie Fotos und Postkarten gesammelt. Danach dann sogar kleine kitschige Mitbringsel von Reisezielen wie den Eifelturm als Tischaufsteller oder den Schiefen Turm von Pisa als Wetterturm, der farblich anzeigt, ob ein Hoch- oder ein Tiefdruckgebiet im Anmarsch ist. Im Freundeskreis bin ich heute noch dafür bekannt, dass ich gerne Geschenke aus aller

Welt in Form von »Ort oder Sehenswürdigkeit in kitschiger Schneekugel« mitbringe. Alle verschenkten Schneekugeln zusammen würden mit Sicherheit eine beachtliche Schneekugelsammlung ergeben! Ich mag die Dinger einfach.

Ich stelle fest, dass einige meiner Hobbys und Leidenschaften in den letzten 30 Jahren durch Arbeit, Reisen, Wertewandel und eine gewisse Erwachsenen-Rationalität verschwunden sind. Das Sammeln wurde irgendwann gestoppt. Und selbst meine großen Hobbys Astronomie und Sport haben es seit meiner Pubertät nicht leicht. Zu viel Neues und Wichtiges ist in mein Leben gekommen, das anderes verdrängt hat: der Wandel zum erwachsenen Menschen, verschiedene Wohnorte und Wohnländer, Freundschaften und natürlich meine größte Leidenschaft, als Reporter durch die Welt zu reisen. Doch seit einiger Zeit drängen sich die alten Leidenschaften wieder verstärkt in mein Leben. Sport dürfte seit einem Jahr wohl definitiv nicht mehr der Vergangenheit angehören, und in den letzten Jahren habe ich mich wieder intensiv der Astronomie zugewandt. Ich kann es kaum abwarten, Nachrichten von bewohnbaren Planeten zu hören, und am liebsten würde ich selbst irgendwann einmal ins All fliegen.

Ja, irgendwie bringen diese wiederentdeckten Hobbys eine gewisse Stabilität, ein gewisses Gleichgewicht und vor allem einen Sinn in mein Leben. Irgendwie machen sie mich glücklicher.

Film ab!

Deutschland, eine Lachnummer?

Wahnsinnig glücklich wäre ich natürlich auch, wenn ich es am 80. Tag meiner Reise auf meinem Tretroller zum Haldenwanger Eck geschafft hätte! Seufzend krame ich erneut im Wohnmobil herum, um doch noch irgendeine Beschleunigungshilfe zu entdecken. Hinter meiner Matratze stoße ich schließlich auf einen Kite, den ich aus Berlin mitgebracht habe. Das Rückenwindsegel mag zu schwer sein, aber der Kite sollte mich eigentlich problemlos Richtung Süddeutschland ziehen können, sofern die Windrichtung mitspielt.

So stehe ich früh morgens mit dem Kite auf einem Parkplatz, um ihn in die Höhe steigen zu lassen. Die ersten Versuche gehen allerdings daneben. Der Kite will sich partout nicht hochziehen lassen, er dreht sich einfach nur zur Seite und plumpst auf den Asphalt. Ich probiere alle möglichen neuen Halte- und Zugtechniken aus, bis er plötzlich auf zehn Meter Höhe steigt. Ich denke, ich habe ihn am Schlafittchen und kann flink seine Lenkseile an meinem Tretrollerlenker befestigen. Doch falsch. Der Kite dreht sich wieder zur Seite und knallt in ein Gebüsch, sodass sich Leinen, Kite und Äste aufs Fieseste verheddern. Das war's dann wohl. Auch diese Chance ist hinüber, und ich muss es wieder bei der guten alten Beinarbeit belassen, was mich zum einen frustriert und zum anderen besorgt.

Bald gelange ich zum Frankfurter Flughafen, nicht nur irgendwie in die Nähe, sondern direkt an die Startbahn und zwischen die Terminals. Ich muss lachen, weil ich mir so absurd vorkomme, mit dem kleinen Ferdinand zwischen den Menschenmassen und den riesigen Maschinen herzurollen. Wenig später beschließe ich, eine Pause zu machen und betrete einen Terminal. Mit einem Burger im Mund setze ich mich zwischen Flugpassagiere, die alle nach Australien, Singapur oder in die USA wollen. Wie gut ich dieses Gefühl vor dem Abflug in die Ferne kenne. Man freut sich, fühlt sich wie vor einer großen Veränderung und ist euphorisch, außer man hat Flugangst. Genau diese Stimmung spüre ich am Nachbartisch, während ich mich frage, wie ich aus dem Terminaldschungel wieder heile herausrollen kann, ohne mich auf einer mehrspurigen Fahrbahn zu verheddern. Mir wird klar, wie anders meine Reise im Vergleich zu den Reisen der Flugpassagiere hier ist. Die Mikroreise im Vergleich zur Makroreise. Doch wenngleich die Rhön oder der Taunus nicht der Himalaja sind, erlebe ich durch meine Langsamkeit mindestens genauso viel.

Diese Langsamkeit macht sich auch beim Herausschlängeln aus den Terminals bemerkbar. Vor mir fährt ein sehr PS-starkes Fahrzeug, das wohl zum Flugzeugewegziehen gedacht, und daher nicht dazu angelegt ist, schnell zu fahren. Ich erinnere mich an den Achtjährigen auf dem Fahrrad, gegen den ich im Straßenrennen in Niedersachsen verlor, ebenfalls an den Opi auf dem

Elektrorollator, der vor dem Rennstart auf einmal verschwand. Nun habe ich einen würdigen Gegner vor mir, den ich mit meinem Tretroller bezwingen kann, und genau das tue ich. Stolz und mit erhobenem Haupt ziehe ich an dem kraftvollen Gefährt vorbei. Bravo!

Nachdem ich über viele Bürgersteige, Ampeln und diverse Straßenzubringer hinweg den Frankfurter Flughafen nach zwei Stunden(!) Rollern verlassen konnte, sehe ich in einem hessischen Dorf vor mir auf dem Bürgersteig ein Mädchen auf einem Kindertretroller. Klar wäre es ein wenig armselig, wenn ich versuchen würde, dieses Mädchen zu überholen und das als Rennerfolg zu verbuchen. Aber nach 1623 Kilometern und 53 Tagen, nach haufenweise Muskelkatern und schweren Anstrengungen, ziehe ich an dem kleinen Mädchen auf dem Kinderroller vorbei und verbuche es als Erfolg.

In Wiesbaden komme ich am Harlekinäum vorbei, einem offiziellen Museum des Humors. Wie soll das zusammenpassen?, frage ich mich. Hat schon mal irgendjemand in einem Museum einen Lachanfall bekommen?

Der Besitzer Michael Berger führt mich durch verschiedene Ausstellungsräume, mal sind Möbel an die Decke gekleistert, mal befindet man sich in einer Art Autowaschanlage und muss sich zwischen dichten Reinigungsmatten hindurchdrängeln. Irgendwie spannend, aber so richtig lustig finde ich das nicht, ähnlich wie das aufgeklebte Plastikohr auf Michaels Hemd.

Michael erklärt mir, dass der Humor in Deutschland für ihn eine ziemlich knifflige Baustelle darstellt. Seiner

Meinung nach ist die Schadenfreude recht stark ausgeprägt, weil Neid einen gewissen gesellschaftlichen Stellenwert zu haben scheint. Der selbstironische Humor hingegen ist laut Michael eher schwach ausgeprägt.

Diese Einschätzungen kann ich teilweise nachvollziehen. Das Lachen auf Kosten anderer ist populär, das lässt sich sehr gut in den Medien beobachten. Jemanden auflaufen zu lassen bringt einem Entertainer oder einem Showkonzept durchaus Sympathiepunkte ein. Viel seltener dagegen sieht man im Fernsehen, wie sich die Leute selbst auf die Schippe nehmen.

Ich habe vier Jahre in London gelebt und den berühmt-berüchtigten englischen Humor unter die Lupe genommen. Dort teilt man zwar unglaublich hart aus in Sachen Humor, und besonders deutsche Austauschstudenten bekommen gerne Klassiker wie »Ach ja, die Deutschen! Wo ist denn dein Panzer?« zu hören. Dafür kann man es den Engländern mit gleicher Münze heimzahlen, ohne dass jemand wütend auf den Tisch haut. Ich habe 2002 als VIVA-London-Reporter dort gearbeitet und mich über die englische Kultur von A bis Z lustig gemacht, vom schwersten fettigen *English breakfast* über David Beckham bis hin zum Königshaus. Und die Briten kamen darauf klar, haben dem *German* sogar Respekt für seinen Humor ausgesprochen. Niemand war beleidigt wegen meiner Gags.

Der Höhepunkt für mich damals war das 50-jährige Thronjubiläum der Queen. Im Rahmen einer Lotterie konnten 1000 Briten ein Ticket für die Feier mit der Königsfamilie im Buckingham Palace gewinnen. Dazu kamen 40 Journalisten aus der ganzen Welt. Natürlich war der VIVA-Reporter nicht unter den 40 Glücklichen, aber ich habe es mit diversen Tricks trotzdem noch auf die Liste des Royal Press Office geschafft. Um die Sache ein wenig aufzulockern, habe ich mich an dem großen Tag als der ehemalige englische König Henry VIII. aus dem 16. Jahrhundert verkleidet. Am Eingang und an der Sicherheitskontrolle lachten mich die Angestellten an, untersuchten mich nach Waffen und gewährten ihrem König Henry VIII. mit seiner Kamera tatsächlich schmunzelnd Einlass. Auch im Buckingham Palace selbst gab es schöne Reaktionen auf meine Satire. Prinz Andrew klopfte mir lobend auf die Schulter, Prinz William und Harry lachten von ihrer Tribüne herüber, und viele englische Promis konnten sich kaum halten vor Lachen, dass König Henry mit von der Partie war. Die Queen dagegen hat mich zugegebenermaßen etwas verstört und ernst angeschaut, was ich ihr aber nicht übel nehmen kann.

Mein Fazit: Die Briten besitzen ihre klischeehafte Selbstironie tatsächlich, das macht Individuen wie die gesamte Gesellschaft einfach sympathisch. Wer über sich selbst lachen kann, kann auch zu seinen Schwächen stehen und strahlt eine gewisse Sicherheit aus.

Was ist mit uns Deutschen? Besitzen wir diese Fähigkeit nicht? Hat das mit unserer schwierigen Geschichte im 20. Jahrhundert zu tun? Mit der Tatsache, dass unsere Landsleute nach einer Wirtschaftskrise einem Wahnsinnigen verfielen, der einen Weltkrieg startete, wonach unser in weiten Teilen zerstörtes Land geteilt wurde und demzufolge auch unsere Identität in zwei Teile brach? Zu unangenehm und beschämend für Selbstironie?

Zurück zu Michael Berger. Er erzählt mir nun, dass er jüdisch und Humor in seiner Kultur traditionell sehr wichtig sei. Vielen Juden hat er dabei geholfen, den Holocaust zu überstehen, ohne bei all den monströsen Grausamkeiten durchzudrehen. Michael meint, es hätten damals einige ironische Ansätze zu diesem schlimmen Thema existiert. Galgenhumor? Ich erinnere mich an ein Interview mit dem Entertainer Hugo Egon Balder. Auch er ist jüdisch und sprach in diesem Interview davon, dass Selbstironie in der jüdischen Kultur weitaus stärker angesiedelt sei als in der deutschen.

Zeit für einen Test. Aber zunächst der Faktencheck: Einer aktuellen Studie zufolge halten sich 72 Prozent der Deutschen für humorvoll, obwohl wir bei einer Umfrage unter 30 000 Internetnutzern zur am wenigsten witzigen Nation der Welt gewählt wurden! (Die Amis landeten übrigens auf Platz eins.) Ist Deutschland also eine traurige Humorwüste?

Vor dem Wiesbadener Bahnhof werde ich genau das herausfinden. Ich lege eine Bananenschale auf den Vorplatz und gehe dreimal darauf zu, rutsche natürlich jedes Mal aus und falle zu Boden. Der erste Testkandidat, der meinen Ausrutscher beobachtet, fängt wirklich an zu lachen, egal, wie weh mir angeblich meine Knochen tun. Kurz danach steht es jedoch eins zu eins, denn beim zweiten Ausrutscher ist ein Bahnhofsbesucher ernsthaft über meinen Zustand besorgt und hält sich die Hände vor den Mund. Passant drei fühlt sich dann wieder köstlich amüsiert. In puncto Schadenfreude steht es also zwei zu eins.

Anschließend teste ich die Fähigkeit zur Selbstironie. Drei Passanten bekommen von mir eine lange Karottennase ausgehändigt, die sie aufsetzen sollen, dazu noch eine Brille, die ihre Augen zu albernen Riesenglupschern verzerrt. Wer kann im Suchfenster meiner Videokamera über sich selbst lachen, wer nicht? Kandidat eins bleibt zunächst stumm, er schaut und schaut und lacht sich dann plötzlich kaputt. Eine junge Frau kann sich vor Lachen kaum halten, während Kandidat drei sich eher zurückhaltend verhält. Auch hier steht es also zwei zu eins. Geht doch!

Aber dann lese ich, dass wir nur sechs Minuten täglich lachen. Vor 40 Jahren sollen es noch 18 Minuten gewesen sein. Was ist passiert? Erwachsene lachen übrigens im Schnitt nur 15-Mal am Tag, während Kinder es sage und schreibe 400-Mal tun!

Es folgt eine Verzweiflungstat. Ich setze mir die Ulkbrille selbst auf, dazu eine schwarze Perücke und eine Elefantenrüsselnase. Derart maskiert, konfrontiere ich Passanten vor dem Bahnhof und lache sie wild, beinahe hysterisch an. Wer lacht mit? Fast keiner. Könnte daran liegen, dass alle Angst vor dem Wahnsinnigen haben, könnte aber auch daran liegen, dass Lachen eben out ist. Furchtbar! Wir sollten wirklich viel mehr lachen. Ich schließe mich da definitiv mit ein.

 Film ab!

1623 km

Tretrollerexpertentreffen

Am nächsten Morgen tretrolle ich weiter nach Darmstadt, um Hilfe zu bekommen. Ja, man muss es so dramatisch ausdrücken, denn für das letzte Drittel meiner Strecke muss ich dringend schneller werden.

Dort angekommen, treffe ich mich mit zehn Mitgliedern des Bundesverbandes für Tretroller sowie dem Vorsitzenden Joachim Sternal. Erstaunlich, dass die Tretrollerszene gleich einen Bundesverband hat, aber bei 15 500 Verbänden im Verbandsweltmeisterland Deutschland ist das wohl kein Wunder. Als ich kurz im Internet nachschaue, entdecke ich neben den großen Verbänden wie dem für Fußball mit sechs Millionen Mitgliedern auch kuriosere wie den für Seemannsfrauen. Egal, ich brauche Hilfe, und wo sollte ich sie eher erwarten können als hier.

Joachim Sternal stellt sich am Unigelände in Darmstadt prüfend vor meinen Tretroller. Seine Worte lassen meine Brust anschwellen: »Wow, der hat schon über 1600 Kilometer ohne Reparatur gehalten, nicht schlecht!« Doch zu früh gefreut, sofort darauf findet er Mängel, zieht meine Bremsen nach und verweist darauf, dass mir hinten und vorne schon 40 Prozent Luft fehlen. Also wird Luft auf meine Reifen gepumpt und ausgerechnet, dass ich mit vollen Reifen bestimmt fünf Kilometer am Tag mehr schaffen könnte. *Yes!*

Dann schaue ich mir die anderen Tretroller des Verbands an. Während meiner mit den kleinen Reifen eher einem Kindertretroller ähnelt, besitzen die Profis Tourentretroller. Aus der Entfernung betrachtet, könnte man diese Dinger glatt für Rennräder halten, besonders wegen ihrer Reifengröße.

Joachim Sternal erklärt mir, warum er einen Verband fürs Tretrollern wichtig findet. Mittlerweile gibt es nämlich mehrere Tausend Tretrollerfahrer in Deutschland, und sie werden immer noch belächelt, weil man Tretroller in Deutschland fast ausschließlich mit Kinderspielzeug assoziiert. Im kleinen Holland dagegen, so Herr Sternal, ist diese Art der Fortbewegung genauso in die Gesellschaft integriert wie das Fahrradfahren. Daher gibt es dort inzwischen mehrere Zehntausend Rollerfahrerinnen und -fahrer. Der bundesdeutsche Tretrollerverband bemüht sich also, diesen Sport zu fördern und ihn aus der Lachnummerecke herauszuholen, deshalb veranstaltet er unter anderem Ralleys, Wettrennen und sogar Staffelrennen, wo der Tretroller bei Übergabe an die nächste Person als eine Art fahrender Staffelstab genutzt wird.

Der Bundesverband möchte nun gerne meine aktuelle Physis testen, um zu bewerten ob ich eine Chance habe, meine Challenge zu meistern. Zu zehnt stehen wir kurze Zeit später an der Startlinie für ein 100-Meter-Rennen. Mit entschlossenem Blick und angespannten Muskeln und vollgepumpt mit Adrenalin sind wir auf unseren Tretrollern positioniert und können das Startzeichen von Mechthild kaum erwarten.

Mechthild: »Drei – zwei – eins – los!«

Imaginärer Rennkommentator: »Unglaublicher Start! Wigge prescht vor, geht in Führung, aber der Bundesverband lässt sich von einem Anfänger natürlich nicht gerne schlagen. Joachim Sternal schiebt sich voran. Ja, Sternal versucht, an Wigge vorbeizurollern, aber Wigge legt nach. Sein Ferdinand gibt noch mehr Gas. Sternal kommt nur äußerst schwer vorbei. Aber was ist das? Der Außenseiter Norbert Westphal mit seinem Tourentretroller zieht in langen Schritten an den beiden vorbei. Und … gewinnt!!! Westphal vor Sternal, und Wigge nur Dritter!«

Nach diesem grandiosen Wettkampf sind die Tretrollerverbandsmitglieder eher zurückhaltend. Ich spüre betroffene Blicke auf mir. Ich habe gegen einen Typen in den 40ern und einen in den 50ern verloren, mit 36 Jahren, wie soll ich da bloß meine Challenge schaffen!

Zum Glück meint der Chef, dass noch nichts verloren sei, und bittet mich zu einem Downhill-Tretroller-Biken. Ich bin beeindruckt, dass so etwas nicht nur für Mountainbikes möglich ist. Damit wäre doch wohl klar, das Tretroller ernst zu nehmende Gefährte sind.

Über Stock und Stein geht es kurz darauf einen steilen Hang hinunter. Joachim Sternal und Norbert Westphal springen und rollen elegant den Waldweg hinunter, ich eiere hinterher und falle hin.

Und doch fühle ich mich am Ende des Tages mit meinen strammen Reifen und dem Fahr- und Downhill-Training gestärkt und motiviert. Tretrollerfahrer sind Gewinner, so habe ich es zumindest heute aus den Verbandsreihen gehört.

Jubelnd werde ich von den Profis verabschiedet und dazu ermuntert, es den Rad-, Motorrad- und Autofahrern richtig zu zeigen.

Natürlich liegt mir bei diesem Thema ein offener Brief ganz besonders am Herzen. Er richtet sich an den aktuellen Präsidenten des Bundes Deutscher Fahrradfahrer, Rudolf Scharping. Einige werden ihn bestimmt noch aus seinen Zeiten als Bundesverteidigungsminister kennen. Und einige Jahre zuvor sollte Scharping sogar als Kanzlerkandidat für die SPD den Ewigkanzler Kohl ablösen, was von den Umfrageergebnissen her aber unmöglich war und weshalb man schließlich auf das große Dreigestirn Scharping-Schröder-Lafontaine setzte.

Lieber Präsident des Bundes Deutscher Fahrradfahrer,
Herr Rudolf Scharping,

wie Sie sicherlich mitbekommen haben, fühlen sich im Konkurrenzverband der Tretrollerer einige Mitglieder seitens der Fahrradfahrer in Deutschland nicht so richtig akzeptiert, ja, sogar belächelt.
Gestern noch erzählte mir ein Mitglied des Deutschen Tretroller Verbands, dass eines seiner Hobbys sei, Mitglieder des Bundes Deutscher Fahrradfahrer aufzuspüren und sie dann hinterrücks mit einem stolzen Lächeln (jedoch ohne Blickwürdigung) auf seinem Tretroller zu

überholen! Ich hoffe, Sie können verstehen, dass sich hinter solchen Machtdemonstrationen tiefe Wunden der Ablehnung und Herabwürdigung verbergen, die Ihre mächtige Verbandsszene den Tretrollerern über etliche Jahre hinweg zugefügt hat.

Als Präsidenten des Bundes Deutscher Fahrradfahrer wie auch ehemaligen Kanzlerkandidaten und Kohl-Herausforderer bitte ich Sie inständig, Herr Scharping, sich dieser Angelegenheit anzunehmen und endlich Frieden in diesen unerträglichen Konflikt zu bringen. Laden Sie zum Anfang den kleinen Tretrollerverband doch einfach einmal zu seinem großen Bruder ein und empfangen Sie ihn mit offenen Armen.

Mit besten Grüßen
Michael Peace Wigge (auf der Überholspur)

Nach meinem Besuch bei den Tretrollerfreunden ist es Zeit für einen Tag Pause, da mich die Müdigkeit überkommt. Ich fläze im Wohnmobil, schreibe dieses Buch, bewundere meine vollgepumpten Reifen und genieße die Erholung.

Wie ich die allgemein wenig beachteten Städte, in denen ich im Wohnmobil übernachtet habe, genießen konnte, erfahrt Ihr hier:

Bad Königshofen
Dieser idyllische Ort in Nordbayern klingt nicht unbedingt so, als hätte er irgendetwas mit Immigration am Hut. Und doch leben im Stadtteil Ipthausen ein paar

exotische Vögel in einem Gehege: die sprechenden Beos, die angeblich Türkisch können und einigen Besuchern schon Suren aus dem Koran vorgetragen haben sollen. Nicht verwunderlich, wenn man bedenkt, dass sie vorher bei einer streng muslimischen Familie in Stuttgart ihr Zuhause hatten. Aber Vorsicht, die Beos können auch sehr unanständig sein. Besucher berichten von Sprüchen wie »Wo ist die Mama hin?« bis hin zu »Du alte Sau«. Uiuiui …

(Kontakt für Besucher: Jörg Fliegauf, Betreuer der Voliere)

Schlüchtern

Klingt erst mal nach schüchtern oder nüchtern. Lustige Reime sind in dieser hübschen Kleinstadt allerdings wenig passend, denn sie wird vom einem sehr unschönen Ereignis überschattet. Die NSU-Mordserie, die acht türkischstämmigen und einem griechischstämmigen Bürger in Deutschland das Leben kostete, fing mit dem Blumenhändler Enver Şimşek, der in Schlüchtern arbeitete, an.

Bad Neustadt

Der Parkplatz am Busbahnhof ist *nicht* für kostenlose Übernachtungen im Wohnmobil vorgesehen! So habe ich es von einer Passantin klar und deutlich erfahren. Und trotzdem lohnt er sich, der große Parkplatz. Abends treffen sich hier Grüppchen von Jugendlichen zum Plausch und zum Vorzeigen ihrer neuen, aufgemotzten VW-Polos mit verdunkelten Scheiben und Doppelauspuff. Eine wahre Freude, ihren Pläuschen zuzuhören: »Ey, Alter,

Scheißkarre, Mann!« Antwort: »Kack ich drauf!« Ja, eine sehr unterhaltsame Nacht.

Fulda

Die Nacht hier war ebenfalls leicht unruhig, zumal ich mich an *Die letzten Kinder von Schewenborn oder ... sieht so unsere Zukunft aus?* aus meiner Kindheit erinnert fühlte. Der Roman handelt von einem Atomkrieg und seinen katastrophalen Folgen für ein kleines Dörfchen außerhalb Fuldas, das von einer Atombombe zerstört wird. Die Szenen sind wirklich hässlich und wirkten auf mich als Kind extrem verstörend, da der Kalte Krieg in den 1980ern noch bittere Realität war.

In jener Nacht in Fulda kamen die Bilder zurück, ließen mich wach liegen und mehrmals aus dem Fenster des Wohnmobils schauen, von wo aus ich zum Glück nur große Regenwolken erspähen konnte. Sorry, Fulda, genießen konnte ich Dich nicht, aber dafür stehst Du noch.

Seligenstadt

Wie man schon an der europaweit aktiven Zuckersammlerin Karin sieht, sind die Seligenstädter etwas Besonderes. Sie tragen den Beinamen »Schlumper« (gesprochen: »Schlumber«), was so viel bedeutet wie »eine Person, die nachlässig langsam geht« oder auch »kleiner Mainschleich«. Ja, so sind sie, die Seligenstädter, ein bisschen anders eben.

Wiesbaden

Wiesbaden nennt man auch das »Nizza des Nordens«. Was gibt es nicht alles für Städte des Nordens und des Ostens. Budapest heißt auch »Paris des Ostens« – bis man plötzlich in einer riesigen Plattenbausiedlung steht. Als Paris des Nordens schmücken sich gleichzeitig die Städte Riga in Lettland und Tromsø in Norwegen und nach Theodor Fontane sogar das gesamte Land Dänemark, obwohl alle drei nicht unbedingt romantische Liebe oder Eifeltürme repräsentieren. Und irgendwie habe ich mit dem Nizza des Nordens, Wiesbaden, so meine Probleme. Zwar hat die Stadt einiges an schöner Architektur, großzügigen Theatern und Reichtum vorzuweisen, aber von Côte d'Azur, Sonnenschein und Mittelmeerstränden keine Spur, so sehr ich auch gesucht habe.

Mainz

Die alte Karnevalshochburg ist schon ein lustiges Fleckchen mitten im quirligen Rhein-Main-Gebiet. Ich mag diese Stadt, da das hier ansässige ZDF auf dem Lerchenberg einige meiner Reiseserien veröffentlicht hat und diese karnevalistisch lustig fand. Also helau nach Mainz!

Darmstadt

Der Name klingt nicht besonders angenehm, doch ich kann nach eingehender linguistischer Recherche versichern, dass Darmstadt nichts mit Toiletten oder diversen privaten Geschäften zu tun hat. Verschiedene lokalpolitische Quellen beteuern dies ebenfalls und unterstreichen, dass die unangebrachte und respektlose Facebookseite »In Darmstadt findet der Verkehr im Darm statt« lediglich sieben Likes hat.

Film ab!

Das Frankensteinmonster

Meine Weiterfahrt frühmorgens aus dem Rhein-Main-Gebiet hinaus führt mich wieder durch idyllische Natur, bis ich auf einer Erhebung eine historische Burg erblicke. Da muss ich unbedingt hin, schließlich sind Burgen und Schlösser etwas typisch Deutsches. Ganze 50 000 Burgen und Schlösser gibt es in unserem Land! Und wir brechen bei diesem Thema alle Rekorde: Das wohl bekannteste deutsche Schloss, Neuschwanstein, wird jährlich von 1,4 Millionen Touristen besucht, die längste Burg der Welt steht wohl wenig überraschend in Burghausen mit erstaunlichen 1051 Metern Länge, und die längste Sandburg der Welt wurde einst auf Rügen mit 90 Zentimetern Höhe und 27,5 Kilometern Länge gebaut.

Beim Eintreten in die gerade erspähte Burg Frankenstein mit ihren hohen historischen Mauern erwartet mich die Tafel »Burg Frankenstein«. Darunter steht, dass die Burg 1252 vom Adelsgeschlecht von und zu Frankenstein erbaut wurde. Hat das hier etwa etwas mit *dem* Dr. Frankenstein und dem von ihm erschaffenen Monster zu tun?

Im Gespräch mit dem Burgaufseher Matthias Bührer erfahre ich, dass hier angeblich wirklich jener Doktor sein grausames Werk vollbracht hat. Ich schaue ihn kritisch an. Er schaut vollkommen ernst zurück. Keine Ironie, kein Gag.

Herr Bührer erzählt mir, dass man auch heute noch unglaubliche Sachen auf der Burg erlebt. Abends hört er oftmals aus dem alten Frankensteinverlies unter der Burgmauer hysterische Schreie. Beim Nachschauen ist dann allerdings nichts zu sehen, keinerlei Anzeichen einer Person, kein Frankensteinmonster. Und doch kehren die Schreie immer wieder.

Wir beschließen, zusammen ins Verlies zu gehen. Ich frage mich beim Gang durch die Burgmauern, ob mich der Burgaufseher einfach nur veräppeln will oder ob tatsächlich Dinge existieren, die sich nicht so einfach begreifen lassen.

Matthias Bührer öffnet eine schwere Holztür mit Metallverstrebungen. Wir steigen eine steile Treppe in das Verlies hinab. Meine Kameralampe erleuchtet das Verlies an einigen Stellen, wo ich Spinnenkokons von der Decke herabhängen sehe. »Das sind Giftspinnen, Vorsicht. Hier hat sich schon mal jemand beißen lassen und lag dann zur Behandlung im Krankenhaus«, meint mein Guide.

Ein sehr ungutes Gefühl überkommt mich, und nun entdecke ich auch noch einen Operationstisch aus Metall im Verlies, neben einem kleinen Metallgefängnis, in das gerade mal eine stehende Person hineinpasst. Ich schaue den Burgaufseher verlegend grinsend an, um die gleiche Reaktion von ihm zu ernten, Herr Bührer jedoch bleibt ernst und sagt, dass ich ja unbedingt hierher wollte. Mittlerweile schwanke ich extrem zwischen »Super-Halloween-Gag« und »Ich will hier sofort raus!«.

Doch meine Berufsehre als Reporter verlangt, dass ich alles ausprobiere, was ich antreffe. Ich schiebe also mit pochendem Herzen den Operationstisch zur Seite und gehe vorsichtig an den Spinnenkokons vorbei.

Herr Bührer reicht mir die angebliche Originalkleidung von Dr. Frankenstein, einen weißen Kittel und ein Skalpell.

Als Dr.-Frankenstein-Lookalike verkleidet, stehe ich nun hinter diesem Tisch und versuche, in mich hineinzufühlen, ob die grausame Geschichte von Mary Shelley aus dem 19. Jahrhundert hier wirklich ihren wahren Ursprung gehabt haben könnte. Je länger ich mit den Operationsklamotten hinter dem Tisch stehe, desto weniger kann ich mir das ernsthaft vorstellen.

Nach Verlassen des Verlieses drückt mir der Burgaufseher noch Kleidungsstücke in die Hand, die mich aussehen lassen wie das Frankensteinmonster, inklusive fieser Maske. In diesem Aufzug laufe ich über das Burggelände, um die Reaktionen der anderen Besucher zu testen. Halten sie mich automatisch für das echte Monster, oder tun sie mich direkt als Gag ab?

Das Ergebnis ist eindeutig: Drei Touristen werden von dem Frankensteinmonster hinterrücks derb erschreckt. Dreimal höre ich absurd hysterische Schreie durch die Burgmauern erklingen, gefolgt von aufgebrachten Rufen, ob ich denn noch alle Tassen im Schrank hätte. Alle Touris sind auf das echte Monster eingestellt und nehmen den Angriff überaus ernst!

Daraus lässt sich zwar nicht unbedingt schlussfolgern, dass in dieser Burg tatsächlich das Frankensteinmonster erschaffen wurde, dass heutzutage allerdings noch immer seeeeehr ungewöhnliche Dinge auf dieser Burg passieren, allemal – besonders wenn ich, als Monster verkleidet, über das Gelände spaziere.

1673 km

Film ab!

Hilfe beim Bürostuhlrennen

Am nächsten Tag rollere ich von der Burg Frankenstein nach Bad König-Zell. Trotz meiner aktuellen Eile verbringe ich einige Zeit in einer Bäckerei in Groß-Bieberau. Hier darf jeder Kunde, der etwas kauft, einen großen Würfel auf der Verkaufstheke nehmen und versuchen, die Zahl der Woche zu würfeln. Wenn es glückt, bekommt man von der Bäckerin etwas geschenkt. Ich finde dieses Spielchen lustig und würfele gleich eine Sechs, aber die Zahl der Woche ist leider die Eins.

Das Ganze erinnert mich an eine Reportage über die deutsche Spielfreude, die ich vor Jahren für die Deutsche Welle gedreht habe. Damals hatte ich recherchiert, dass man in Deutschland jährlich etwa 400 Millionen Euro für Gesellschaftsspiele ausgibt, diese Zahl wird in Europa nur von den Franzosen übertroffen. Obwohl die Deutschen als arbeitsam und leistungsorientiert gelten, spielen sie also für ihr Leben gerne.

Das zeigt sich hier wohl in der Bäckerei. Ich frage die Chefin, ob ich das Würfelspielchen kurz für meine Tretroller-TV-Serie filmen darf. Sie freut sich sehr über mein Angebot und die gute Werbung für ihren Laden, wiegelt allerdings sofort ab, als sie bemerkt, dass in zwei Minuten ihre Mittagspause anfängt. Ich verspreche ihr, dass die Filmaufnahmen in zwei Minuten fertig sind, doch sie lässt nicht mehr mit sich reden, Mittagspause sei Mittagspause, daran gebe es nichts zu rütteln.

Enttäuscht rollere ich weiter. Warum war es derart unmöglich, mal eben den Würfel zu filmen, und warum war der Beginn der Mittagspause so unumstößlich? Hat das mit der Pünktlichkeit der Deutschen zu tun? Oder etwa mit der fehlenden Flexibilität und Spontanität, die man uns Deutschen gerne unterstellt? Abends im Wohnmobil recherchiere ich Fakten zu diesem Thema und finde heraus, dass zwei Drittel der Deutschen klagen, ihre Arbeit biete zu wenig Flexibilität, um Beruf und Privates fließend miteinander zu verbinden. Diese Tatsache wird als Hauptdefizit im deutschen Berufsleben angegeben. Ein weitere Studie aus dem Vorjahr besagt, dass wir Deutschen bei unseren Nachbarn im europäischen Ausland zwar als pünktlich, fleißig und diszipliniert gelten, aber auch als wenig gut gekleidet, wenig familienorientiert und unflexibel. Besonders italienische Geschäftsleute scheinen zu beklagen, dass wir Deutschen tendenziell ziemlich starrsinnig auf unserer Meinung und unseren Entscheidungen beharren. Exakt dieses Gefühl hatte ich heute in der Bäckerei. Einmal entschieden ist entschieden. Mittagspause um halb zwei bleibt halb zwei, selbst wenn der amerikanische Präsident seiner Frau ein Brötchen kaufen möchte. Warum haben wir solche Tendenzen? Brauchen wir klare Regeln und eine feste Struktur für ein gewisses Maß an Sicherheit?

Ich denke über unser Ausbildungssystem nach, das eine dreijährige Lehre mit klar festgelegter Struktur vorsieht, was uns im Handwerk einen Ruf von Qualität beschert hat. Als ich in den USA und in England lebte, stellte ich fest, dass es diese Strukturen dort so nicht gibt. Man erlernt seinen Beruf im Grunde durch *learning by doing*. In Kalifornien erfuhr ich, wie man die Dinge weitaus selbstständiger und mit viel weniger Regeln anpackt. Im angelsächsischen Raum wird mehr Wert auf die Berufserfahrung gelegt als auf festgelegte Lernstrukturen wie bei uns.

Ich denke aber auch an den Wandel unserer Gesellschaft innerhalb der letzten 20 Jahre. Damals existierten noch starre Ladenöffnungszeiten, die eine Mittagspause und eine Schließung ab sechs Uhr abends vorsahen. Heute dagegen ist Shopping am frühen Abend oder am Samstag Standard. Mein Supermarkt in Berlin hat mittlerweile sogar nachts geöffnet.

Auch über mich selbst und meine gesellschaftliche Prägung mache ich mir Gedanken. Zur fehlenden Flexibilität gehört sicher auch die andere Seite der Medaille, nämlich das gewissenhafte Planen. Viele ausländische Besucher in Deutschland haben das bei mir schon angemerkt. Man ist oft erstaunt darüber, dass sich deutsche Freunde für ein Treffen schon ein bis zwei Wochen im Voraus verabreden. Für südländische Kulturen scheint das ein totales Unding zu sein. Immer wieder höre ich: »Wie soll ich wissen, was ich nächste Woche mache? Vielleicht ist die Welt bis dahin eine völlig andere.«

Genau diese typisch deutsche Verhaltensweise stelle ich bei mir selbst fest. Meine Reisen um die Welt mit den dazugehörigen Dokufilmen sind stets sehr sorgfältig geplant, was mir bei der Umsetzung enorm hilft. Gleichzeitig muss ich meine Planungsfreude regelmäßig bremsen, damit ich nicht zu unflexibel werde und in der Lage bin, einen Plan auch mal spontan zu ändern, wenn mir etwas Interessantes über den Weg läuft. Das fällt mir nicht immer leicht, aber die Erfahrung hat gezeigt, dass Spontanität und Flexibilität sowohl im Privaten als auch im Beruflichen immens wichtig sind. Die Bereitschaft zur kurzfristigen Korrektur ist oft ein wesentlicher Schritt zum Erfolg.

Völlig unflexibel erreiche ich nun im Rahmen der vorgegebenen und vorbereiteten Tretrollerroute den Organisator der Deutschen Meisterschaft im Bürostuhlfahren, René Karg, in Bad König-Zell.

René erzählt mir, dass er diese Meisterschaft bereits seit Jahren organisiert und man beim Bürostuhlrennen den Berg hinunter wahnsinnig flexibel sein muss, da ein Bürostuhl jederzeit unerwartete Drehungen vollführen kann. So unflexibel können wir also doch gar nicht sein!

René führt mir mit einer Freundin eine solche Fahrt vor. Beide rasen auf den sich drehenden Bürostühlen den Hügel hinab. Ich bin begeistert, was für eine unglaublich anspruchsvolle Sportart!

Nun verraten mir die beiden die besten Bürostuhltricks für meinen Selbstversuch, an dem selbstverständlich kein Weg vorbeiführt:

1. Die doppelbeinige Bremstechnik: René rast mit nach vorne ausgestreckten Beinen den Berg hinab und stoppt mithilfe der Doppelbeintechnik abrupt den Bürostuhl, ohne dabei hinzufallen.

2. Der Abdrängler: René rast erneut den Hügel hinab, neben ihm diesmal seine Freundin. Auf einmal schubst diese ihn zur Seite und drängelt ihn mit ihrem Stuhl von der Straße ab. Wow, Respekt!

3. Der Potzblitz: Diesmal hat René während des Hinabsausens beide Beine angezogen, sodass er wie eine Kugel dahinrauscht und Höchstgeschwindigkeiten von 30 Kilometern die Stunde erreicht. Dann folgt ein Sturz. Okay, wir haben es hier wohl doch mit einer Risikosportart zu tun.

Als ich es selbst versuche, rase ich die Straße auf dem Bürostuhl hinab, drehe mich unaufhaltsam und lande nach nur 30 Metern unsanft auf dem Boden. Das reicht. Tretroller fahren ist doch einfacher.

Auch wenn meine Performance zu wünschen übrig lässt, wir Deutschen sind allgemein sehr interessiert an Sport und an verrückten Sportarten. Am beliebtesten sind Fahrradfahren, Fitness und Joggen. Doch Exotisches wie Extrembügeln, Läufe im Bergbauschacht, High-Heels-Rennen oder Buspulling (einen Reisebus am Seil ziehen) ist in Deutschland eindeutig auf dem Vormarsch. Ich hingegen halte Tretrollern für das Nonplusultra und finde, es ist Zeit für einen neuen Wettkampf: Bürostuhl versus Tretroller, welche dieser Randsportarten hat Chancen auf den Deutschlandextremsportpokal?

An der Startlinie stehe ich zwischen den Bürostuhlprofis, die mich schlagen wollen. Es geht 50 Meter den steilen Berg hinab. Wer wird gewinnen? Tretroller oder Bürostuhl?

Mechthild gibt wieder das Startzeichen: »Drei – zwei – eins – los!«

Und der imaginäre Stadionsprecher kommentiert wieder das Rennen:

»Wigge rast mit Ferdinand mit festen Tritten den Berg hinab, doch rechts von ihm gibt René alles, was sein Bürostuhl an Tempo erreichen kann. Es ist ein Kopf-an-Kopf-Rennen zwischen ihm und Wigge. Mit fast 30 Kilometer pro Stunde rauschen sie dahin. Wigge legt sich tief auf den Roller, um sich Vorteile in puncto Aerodynamik zu verschaffen, René versucht, Wigge auf den letzten Metern mit dem Potzblitz und dem Abdrängler zu schlagen, aber Wigge weicht aus. René fällt kurz vor der Ziellinie hin, und somit hat Wigge gewonnen!

Wigge ist der offizielle Bundesdeutsche Bürostuhl-versus-Tretroller-Champion!«

Mit diesem unvergleichlichen Titel besitze ich definitiv genug Selbstbewusstsein, um meine restliche Strecke in der verbleibenden Zeit zu meistern. Und mein respektabler Gegner René setzt sogar noch einen drauf. Großmütig holt er ein Achsenschmierspray mit der Beschriftung »auch für Bürostühle geeignet« aus der Tasche und sprüht damit meine Achsen ein. Das soll angeblich Wunder wirken.

Film ab!

Außerirdische im Anmarsch

Am 60. Tag meiner Reise erreiche ich Mannheim, nachdem ich früh morgens um sieben Uhr aufgestanden bin, um Kilometer zu machen

Drei Viertel meines Zeitlimits sind mittlerweile abgelaufen, und 700 Kilometer habe ich noch vor mir. Zugegebenermaßen sehne ich inzwischen das Ende der Reise herbei, obwohl das Tretrollern und die Deutschlanderkundung natürlich auch enorm viel Spaß machen. Die permanente Belastung ist allerdings so hoch, dass ich einfach müde werde. Schließlich heißt es jeden Tag rollern, filmen oder schreiben ohne Pause. Auch das Schlafen und Wohnen auf engstem Raum im Wohnmobil stellt eine Belastung dar. Dazu gießt es aktuell aus Eimern in Deutschland, einige Gebiete leiden sogar unter dramatischem Hochwasser. Auch ich, in gewisser Weise: Dadurch, dass das Wohnmobil ein paar kleine undichte Stellen hat, muss ich mit nasser Bettdecke schlafen, auch das erhöht die Anspannung.

Also: 20 Tage noch! Ich werde es schaffen, egal ob nass oder trocken, gestresst oder entspannt!

In Mannheim besuche ich die sogenannte Ufo-Meldestelle, von der ich vorab gelesen habe. Eigentlich hätte ich dieses Thema als ziemlich undeutsch abgestempelt, wäre mir nicht folgende Statistik in die Hände gefallen: Laut einer aktuellen Studie glauben 40 Prozent der Deutschen an Außerirdische! Ob diese 40 Prozent wohl an grüne Männchen vom Mars oder eher generell an die Möglichkeit glauben, dass es irgendwo im Weltall noch Lebensformen gibt?

Ich gehöre übrigens selbst zu diesen 40 Prozent und glaube fest daran, dass es irgendwo noch Leben außerhalb der Erde geben muss. Kürzlich hörte ich in einem Interview mit einem Astronomen des Gemini-Observatoriums auf Hawaii die folgende Aussage, als ich dort eine Reportage drehte: »Es ist ziemlich arrogant, zu denken, dass wir im Weltall die Einzigen sind. Damals dachten wir Europäer auch, wir seien die Einzigen auf der Welt, bis Kolumbus das Gegenteil bewies.«

Diese Aussage hat mich beeindruckt und zur Recherche angeregt.

In dem winzigen Teil des Weltalls, den wir bisher kennen, existieren schätzungsweise 100 Milliarden Galaxien. In unserer Galaxie, der Milchstraße, gibt es mindestens 100 Milliarden Sterne. Um jeden Stern wiederum kreist mindestens ein Planet. Damit dürften mindestens 100 Milliarden x 100 Milliarden Planeten im Universum vorhanden sein, also 100 000 Milliarden Planeten.

Sichtungen des Weltraumteleskops »Kepler« zufolge enthält jeder sechste Stern in unserer Milchstraße einen Planeten, der über ähnliche Grundlagen wie unsere Erde verfügen könnte, bei dem es sich also um einen Steinplaneten handelt, nicht um einen unbewohnbaren Gasriesen wie beispielsweise den Jupiter. Demzufolge gäbe es allein in der Milchstraße mindestens 17 Milliarden Steinplaneten, ohne an die anderen 100 Milliarden Galaxien zu denken, die im Universum noch existieren.

Dazu müssen noch weitere Parameter stimmen, um Leben auf diesen Planeten möglich zu machen. Es ist nötig, dass sie sich in der habitablen Zone um ihren Stern befinden, damit dort Temperaturen wie auf der Erde herrschen. Die Venus zum Beispiel liegt etwas näher an der Sonne als wir und ist schon viel zu heiß, als dass dort Leben möglich wäre. Zudem sind ein Magnetfeld, die richtige Planetengröße, eine Atmosphäre sowie verschiedene Elemente wie Wasser nötig.

Diese Parameter lassen die Zahl der bewohnbaren Planeten schrumpfen. Und doch kann man, auch ohne mit unvorstellbaren Zahlen um sich zu werfen, davon ausgehen, dass es im gesamten Universum eine Unmenge von zweiten Erden geben könnte und meiner Meinung nach sogar müsste.

Mit diesen Gedanken im Kopf betrete ich die Wohnung von Herrn Werner Walter, der auf seiner Hotline besorgte Bürger berät, die Ufos gesehen haben wollen. Er erklärt mir, dass die meisten Leute Himmelskörper fehlinterpretieren. So können Laserstrahler von Diskotheken, amerikanische Militäroperationen auf den US-Basen in Deutschland oder private Kerzenballons im Nachthimmel fälschlicherweise als Ufos gedeutet werden. Er berichtet mir, dass er die Leute zuallererst beruhigt und anschließend aufklärt. Trotzdem wundere ich mich über die Unzahl Science-Fiction-Bücher in seinem Regal. Und sein T-Shirt zeigt den großen Schriftzug »X-Files« mit einem außerirdischen Männchen.

Doch Herr Walter distanziert sich von Ufo-Sichtungen und begreift sich selbst als Aufklärer. Er nennt Ufo-Sichtungen das letzte Märchen unserer modernen Gesellschaft, das durch Science-Fiction und Apollo-Missionen zum Mond angefeuert wird. Seiner Meinung nach möchten die Menschen gerne Ufos sehen, weil sie sich dadurch in gewisser Hinsicht auserwählt fühlen. Im erlauchten Kreis der Ufo-Erblicker kann man sich leicht als etwas sehr Besonderes vorkommen, sagt er.

Okay, wir Deutsche sind scheinbar neugierig, was außerhalb der Erde existieren könnte. Aber wären wir auch gastfreundlich genug, ein grünes Marsmännchen, das gerade zufällig in der Mannheimer Fußgängerzone gestrandet ist, zu Hause aufzunehmen, so wie es damals die Familie Tenner mit Alf in der gleichnamigen TV-Serie gemacht hatte?

Finden wir es heraus. Ich ziehe ein enges grünes Marsmännchenkostüm mit großen Ohren und grüner Nase an, bemale mein Gesicht ebenfalls grün und bitte die Mannheimer, mich aufzunehmen. Das Ergebnis meiner 3-Passanten-Stichprobe ist ernüchternd: 33 Prozent lehnen mich ab, 33 Prozent wollen lieber meine Kamerafrau Mechthild mit nach Hause nehmen, und lediglich 33 Prozent sagen zu.

40 Prozent der Deutschen glauben also an Außerirdische, aber nur 33 Prozent würden diese Lebensform auch gerne im Wohnzimmer sitzen haben. Interessant!

Abschließend noch eine schöne Statistik, über die ich gestolpert bin: Jeder sechste Deutsche glaubt, dass sich die Sonne um die Erde dreht statt umgekehrt. Wir halten uns wirklich für den Mittelpunkt von vielem!

 Film ab!

Das Welthotel

Aufgrund des anhaltenden Regens und meiner Erschöpfung durch die Challenge mache ich im nur 21 Tretrollerkilometer entfernten Heidelberg am nächsten Abend einen Zwischenstopp im Hip-Hotel. Es tut gut, endlich wieder in einem Bett zu liegen und die Tür hinter sich zumachen zu können. Einfach nur die Glotze einschalten und sich berieseln lassen, das habe ich schon lange nicht mehr als derart entspannend empfunden – ist das toll!

Mein Hotel entpuppt sich bald als mehr als nur ein Hotel. Es besteht aus 27 unterschiedlichen Zimmern zu jeweils einem bestimmten Thema einer Stadt oder eines Landes. Ich schlafe zum Beispiel im Kairo-Zimmer, wo eine große Sphinx-Statue über meinem Bett thront und auch sonst alles nach Kairo aussieht. Auch ein Paris-Zimmer, New-York-Zimmer, eine Schweizer Berghütte oder ein Havanna-Zimmer gibt es, in denen man sich wunderbar wegträumen kann vom stereotypen deutschen Heidelberg. Die Besitzerin, Frau Kischka, erklärt mir, dass sie Reisenden gerne die Welt zeigen möchte, zumal sie durch die Globalisierung immer weiter zusammenwächst.

So stehe ich plötzlich im Südsee-Zimmer und kann es kaum glauben: Die Wände sind natürlich palmengeschmückt, aber auf dem Boden wurden zusätzlich zwei Tonnen Sand verstreut, um alles möglichst echt wirken zu lassen. Der größte Knaller ist für mich aber das Down-Under-Zimmer: Hier steht alles auf dem Kopf, die Lichtschalter sind verkehrt herum angebracht, Stehlampen hängen von der Decke des Zimmers herab, und das Bett baumelt kopfüber unter der Decke. Ob man hier zum Schlafen angeschnallt werden muss?

Als Reisereporter sollte ich die verschiedenen Themenzimmer doch leicht erkennen können und wage mich somit an einen neuen Test. Ich bekomme eine Schlafbrille aufgesetzt und wandele ohne Augenlicht durch das Hotel, um die internationalen Themenzimmer allein durch meinen Tastsinn zu erkennen.

Los geht's. Schon die ersten Schritte über den Flur sind schwierig, da ich gegen Möbel und Ecken laufe, deshalb schleiche ich von nun an nur noch vorsichtig. Im ersten Zimmer angekommen, taste ich mich an Ecken und Kanten entlang, die auf nichts Spezielles hinweisen. Dann spüre ich auf einmal einen Stuhl zwischen meinen Händen, dessen Rückenstütze die Form eines Herzens hat. Herz = Liebe = Paris! Ich nehme die Schlafbrille ab – richtig, es steht eins zu null.

Dann stoße ich mich auf dem Flur unschön an einer scharfen Kante, bis ich, mit ausgestreckten Armen kriechend, im nächsten Zimmer lande. Hier gibt es mehrere Indizien. Zunächst ertaste ich Bambusstangen, demnach sind wir in Asien. Dann fühlt sich das Bett eher nach einer flachen Liege an, und außerdem ist das Zimmer sehr schmal. Ich tippe auf Tokio, nehme die Brille ab und – richtig! Es steht zwei zu null.

Im darauffolgenden Zimmer kann ich einen alten Ofen erfühlen, mit Blechtöpfen und einem Schornstein, der zur Decke führt. Was könnte das sein? Ein historisches Ruhrgebiets-Zimmer? Quatsch, ich tippe auf das Schweizer-Alm-Zimmer – und liege falsch. Um mich herum sieht es aus wie im kanadischen Ottawa. Jetzt steht es zwei zu eins.

Das nächste Zimmer könnte nicht einfacher sein. Beim Krabbeln und Tasten spüre ich Sand, überall Sand. Ich bin in der Südsee! Drei zu eins.

Es folgt ein Zimmer mit vielen kuscheligen Kissen und Holzverstrebungen. Vielleicht ist es wissenschaftlich nicht erwiesen, doch ich gehe davon aus, dass Schlafbrillen nicht nur die Augenfunktion, sondern auch das Gedächtnis beeinflussen. Ich tippe dummerweise erneut auf das Paris-Zimmer und sehe dann, dass ich mitten im Marrakesch-Zimmer stehe. Drei zu zwei. Es wird nun knapp.

Im letzten Zimmer krabbele ich an einem Holzbett vorbei und ertaste lange Holzgeräte in der Ecke. Das müssen alte Skier sein, also tippe ich noch einmal auf das Schweizer-Alm-Zimmer – und liege richtig! Vier zu zwei.

Die Ehre der weltreisenden Reporter ist gerettet, und ich muss feststellen, dass das Sinnesorgan Sehen weit überbewertet ist.

Und trotzdem ist es eine Wohltat, sich gleich wieder ins eigene Zimmer und vor die Glotze legen zu können …

Film ab!

Tagesstreckenrekorde zum Stadtbeleuchtungsautomaten

Gut ausgeruht geht es dann am nächsten Morgen von Heidelberg Richtung Südosten. Die Fahrt aus der Stadt hinaus gestaltet sich schwierig, da an vielen Orten Deutschlands momentan katastrophales Hochwasser herrscht. So stehe ich mit meinem Roller am Neckar und komme nicht weiter, da die gesamte Straße unter Wasser steht. Was, wenn ich nun entlang des Neckars permanent Ersatzrouten suchen muss? Ich starte pessimistisch in den Tag und gelange dann an Absperrungen vorbei mit einiger Verzögerung wieder auf meine Route. Wenn mich das bisschen Umwegesuchen schon stresst, wie müssen sich erst die Anwohner fühlen?

Nun wird es wieder ernst. Ich muss Strecke machen, um in den letzten 17 Tagen 700 Kilometer zurückzulegen, das bedeutet durchrollern ohne Pause. Nach 50 Kilometern bin ich total groggy, gönne mir trotzdem nur schnell einen Liter Gemüsesaft und düse weiter. Nach 60 Kilometern geht mir komplett die Puste aus, meine Beine sind müde, aber mit dem Zwischenziel vor Augen kämpfe ich mich weiter und erreiche tatsächlich spät nachmittags einen Tagesstreckenrekord von 83 Kilometern. Lange halte ich aber nicht mehr durch, gegen 19 Uhr schleppe ich mich, nur noch gähnend, hinter Mechthild durch die Ortschaft Öhringen, um etwas zu essen zu kaufen, bevor ich bereits um acht Uhr schlafend im Wohnmobil liege.

Am nächsten Morgen spüre ich meine Erschöpfung, schon während ich aus meiner Koje steige, und habe zum ersten Mal seit längerer Zeit wieder Muskelkater in meinen Beinen. Doch die nächste Strecke wartet, ich möchte heute noch im historischen Dinkelsbühl kurz hinter der Grenze von Baden-Württemberg zu Bayern ankommen.

Die ersten 30 Kilometer fallen mir sehr schwer. Die Power vom Vortag ist weg. Ich brauche für diese ersten Kilometer eineinhalb Stunden länger als gestern, komme dann mit Musik im Ohr schließlich aber doch noch einmal in den Trittrhythmus und knüpfe beinahe an den gestrigen Tagesrekord an: 82 Kilometer! Yeah! Abends kann ich es kaum fassen, dass ich in zwei Tagen 165 Kilometer gerollert bin – was soll's, dass ich dadurch kaum mehr laufen kann.

Dementsprechend schleichend und tippelnd bewege ich mich im Dunkeln durch die historischen Gemäuer der mittelalterlichen Stadt Dinkelsbühl, um ein weiteres Deutschland-Highlight zu inspizieren: den Stadtbeleuchtungsautomaten!

Im Zentrum hängt ein kleiner Kasten an einer Hauswand, in den man vier Euro schmeißen kann, um nachts die komplette Altstadt für eine Stunde in Licht zu tauchen, danach ist wieder alles dunkel. Ich treffe Günter Schürlein, den Tourismusbeauftragten in Dinkelsbühl, und erfahre, dass dieser Automat schon seit 40 Jahren

existiert. Damals musste man noch fünf D-Mark ein-
schmeißen, um nachts die historischen Häuser aus dem
14. und 15. Jahrhundert bewundern zu können. Herr
Schürlein erzählt mir, dass dieser Automat mitgeholfen
hat, Touristen anzulocken, die dadurch die Möglichkeit
haben, alles von der Stadtmauer bis zu den historischen
Fachwerkhäusern zu besichtigen, egal, wie viel Uhr es gerade ist – und sofern sie vier Euro investieren.

So sehr mich diese ungewöhnliche deutsche Techniker-
rungenschaft auch interessiert, ich kann mich beim Interview mit Herrn Schürlein kaum konzentrieren, da
meine Beine mächtig zittern. Jetzt um 22 Uhr ist endgültig die Zeit gekommen, wo ich einfach nur noch schlafen möchte. Zwischenzeitlich ertappe ich mich dabei,
wie ich zu Herrn Schürlein »Aha, ja, super, echt interessant« sage, ohne ihm wirklich zuzuhören. Es geht einfach nicht mehr, ich habe mich weit über das Maß des
Angebrachten gepusht. Wie weit darf eine Challenge eigentlich gehen? So weit, dass man schlafend am Stadtbeleuchtungsautomaten hängt und von Herrn Schürlein
ins Wohnmobil getragen werden muss?

So weit kommt es zum Glück nicht, Herr Schürlein
fährt mich nur vor die Stadtmauern, um das Licht-an-
Licht-aus-Spielchen aus einer gewissen Entfernung zu
betrachten. Im Auto erwische ich mich dabei, wie ich
kurz einnicke und bei Herrn Schürleins historischen Fakten mit einem »Ja, super, das ist echt grandios« Sekunden
später wieder hochschrecke.

Das Illuminationstheater kann ich dadurch zwar nicht
ausgiebig genießen, bin aber trotzdem beeindruckt, was

sich Dinkelsbühl hat einfallen lassen, um den bestmöglichen Besucherservice zu bieten.

Und die Stadt hat diesen Service mehreren Quellen zufolge auch bitter nötig, wie ich im Vorfeld bei meinen Recherchen erfuhr. Scheinbar steht Dinkelsbühl schon seit Ewigkeiten im Schatten des benachbarten Rothenburg ob der Tauber, das Touristen aus der ganzen Welt anzieht, obwohl beide Städte eine ähnliche historische Kulisse zu bieten haben.

Dinkelsbühl hat mit seinem Stadtbeleuchtungsautomaten also auch eine Geheimwaffe im Konkurrenzkampf um die Touris geschaffen. In Rothenburg kann man nachts nicht mal eben das Licht an- und ausknipsen.

Bei weiteren An- und Ausknipsspielchen fällt mir ein Hotel im Zentrum auf, dem mit einem großen Scheinwerfer direkt in die Fenster geleuchtet wird. Ob die Gäste wohl ruhig schlafen, wenn ihr Hotel mit vier Euro in ein Lichtermeer getaucht wird? Es scheint, dass jede Medaille zwei Seiten hat, eine mit und eine ohne Schatten.

Die deutsche Technik- und Erfinderliebe wird mir an diesem Beispiel deutlich. Deutsche Ingenieursleistungen sind weltweit bekannt, besonders aber bei Automaten scheinen wir ganz groß im Rennen zu sein. Unser Exportumsatz von Automaten aller Art beträgt momentan unglaubliche 32,4 Milliarden Euro pro Jahr. Das fängt beim Getränkeautomaten an und führt bis zu Eier-, Maden- und Ersatzschuhautomaten.

Da die Dinkelsbühler anscheinend echte Vorreiter in der Automatenszene sind, teste ich am nächsten Vormittag die Bürger, ob sie reif für den von mir entwickelten Sparschwein-Musikautomaten sind.

Mit einem großen silbernen Karton mit Ausgucklöchern über dem Kopf stelle ich mich deshalb ins Stadtzentrum. Vor mir hängt ein Schild mit der Automatenbeschreibung, in meiner Hand thront ein Sparschwein.

Dann spreche ich Passanten mit der Bitte an, einen Euro in das Schwein zu werfen, damit sie in den Genuss der Dienstleistung des Sparschwein-Musikautomaten gelangen, der ihnen nach Einwurf des Geldes ein Lied vorsingt.

Die erste Passantin schaut mich verwundert an und geht weiter. Sie ist trotz aller Techniklieve noch nicht bereit für diesen Automaten. Schade. Die nächste Fußgängerin hingegen wird neugierig. Sie erkennt, dass Dinkelsbühl für mehr als nur den Stadtbeleuchtungsautomaten geschaffen wurde und schmeißt einen Euro ins Sparschwein.

Der Automat beginnt sodann mit seinem Gesang: »Lalalala ... Dinkelsbühl ist eine tolle Stadt ... lalalala ... Ich hab sie noch lang nicht satt ... lalalala ... doch ich fühl mich so unglaublich platt ... lalalala.« Leider kann die Passantin diese Dienstleistung nicht so richtig wertschätzen und geht verstört weiter.

Meine dritte Testkandidatin schmeißt zumindest 60 Cent ins Sparschwein und bekommt daraufhin ebenfalls das schiefe Dinkelsbühllied zu hören. Sie fängt an zu lachen!

1,60 Euro von möglichen drei Euro macht fast 60 Prozent Erfolgsquote und somit 60 Prozent techniklieвende Dinkelsbühler. Das kann sich doch sehen lassen.

Mit dem Karton über dem Kopf mache ich mich zufrieden auf den Weg zurück zum Wohnmobil, das hinter einer Tankstelle und dem Restaurant einer Fastfoodkette am Ortsrand steht, und erlebe das wohl Unglaublichste auf meiner bisherigen Reise.

1947 km

Film ab!

Vom Tankstellenmann verfolgt

Im Wohnmobil beschließe ich, den Müll wegzubringen, ein ewig heikles Thema, da man nur auf Campingplätzen seinen Abfall ordnungsgemäß entsorgen kann. Was also tun, wenn man irgendwo auf einem Parkplatz steht? Dieses Mal habe ich anscheinend Glück, direkt hinter der Tankstelle befindet sich ein großer Müllcontainer. Leider stelle ich dann aber fest, dass er mit einem Schloss verriegelt ist. Frustrierende Sache, alle paar Tage hilflos Mülltonnen suchen zu müssen, die nach Möglichkeit keiner Privatperson gehören, damit man sich keinen Ärger einhandelt. Heute habe ich allerdings doch noch Glück, denn neben dem Müllcontainer hinter der Tankstelle hängt ein weiterer kleiner Mülleimer an der Wand. Mir ist zwar nicht ganz wohl dabei, diesen gleich halb voll zu machen, aber ich betrachte die Aktion gerade noch so als moralisch vertretbar, da er keinem Privathaushalt gehört und bestimmt bald umgefüllt wird.

Ich gehe weiter zur Fastfoodkette nebenan, um mir etwas zu essen zu holen. Als ich schließlich in der Schlange an der Theke stehe, sehe ich plötzlich durch die große Glaswand, wie ein aufgebrachter, gut gekleideter Mann Mitte 40 – eventuell der Tankstellenbesitzer oder -manager –, meinen Müllbeutel in der einen Hand, die andere Hand zusammengeballt zur Faust, zwischen Tankstelle und Fastfoodkette auf und ab läuft. Mein Gott, sieht der wütend aus. Und anscheinend sucht er nach mir!

Eigentlich würde ich nun einfach rausgehen, den Müllbeutel an mich nehmen und ihn woanders entsorgen. Doch der Gemütszustand des Tankstellenmanns lässt nichts Gutes ahnen. Was nun?

Ich beobachte, wie er auf die Tür der Fastfoodkette zusteuert, um mich dort zu suchen. Schnell flüchte ich mich instinktiv auf die Toilette und warte dort ungefähr drei Minuten, um ihm aus dem Weg zu gehen. Danach stelle ich mich erleichtert wieder in der Schlange an der Theke an und gehe davon aus, dass er weg ist. Doch auf einmal sehe ich ihn wieder durch die Fensterfront, wie er weiterhin wild gestikulierend mit meinem Müllbeutel auf und ab rennt. Sein Gesicht ist wutverzerrt. Mir ist klar, dass ich auf keinen Fall mit ihm reden kann, da sein Gemütszustand zu aufgebracht ist. Er wirkt jetzt noch gereizter, weil er mich noch nicht gefunden hat. Bis zu einem gewissen Grad kann ich die Verärgerung ja verstehen. Was, wenn nun jeder seinen Müll in die Mülltonne der Tankstelle schmeißen würde? Meine »Tat« war also definitiv nicht okay.

Als ich den Tankstellenmann allerdings kurz darauf ein zweites Mal ins Restaurant gehen sehe, verschwinde ich erneut schnell auf die Toilette – auch wenn ich mir dabei total albern vorkomme. Dort bleibe ich nun länger als beim ersten Versuch und ziehe mir sicherheitshalber noch Kappe und Trainingsjacke aus, um bei einem Zusammentreffen meine Chance zu erhöhen, dass er mich nicht erkennt. Zurück in der Schlange an der Burgertheke, schaue ich mich immer wieder um, aus Angst, dass er plötzlich von hinten auf mich zustürmt, denn mittlerweile habe ich ein richtig ungutes Gefühl. Und da kommt er auch schon. Zum Glück stehen Leute hinter mir, sodass er mich nicht sieht. Jetzt heißt es, nur noch geradeaus nach vorne schauen, flott den Burger zahlen und rechts aus der Schlange verschwinden, immer schön mit dem Gesicht zur Theke, damit er mich nicht erkennt. Von einer Ecke des Restaurants aus erspähe ich, wie der Rächer wieder vor der Fensterfront des Lokals steht und zwei anderen Männern, mit zornigen Gesten permanent auf das Beweismaterial zeigend, von der Ungeheuerlichkeit berichtet. Ja, man könnte sagen, er ist kurz vorm Platzen.

Jetzt muss ganz schnell eine gute Strategie her. Zuerst will ich Mechthild anrufen, damit sie mit dem Wohnmobil vorfährt, ich blitzartig reinspringe und wir gemeinsam abhauen. Doch mein Handy liegt im Wohnmobil. Also beschließe ich, aus der Tür zu sprinten, sobald der Tankstellenmann mit seinen beiden Kollegen redet und dabei die Tür außer Acht lässt. So geschieht es dann auch. Während er ungefähr zehn Meter entfernt heftig auf die beiden Männer einredet und mit dem Müllbeutel wedelt, flitze ich aus dem Eingang und rechts um das Lokal herum und dann gebückt weiter zum Wohnmobil. Dort rufe ich Mechthild zu: »Mach den Wagen an, wir müssen schnell abhauen! Ich werde wegen dem Müllbeutel von einem Typen verfolgt! Los, mach schnell!« Mechthild denkt zuerst, ich mache Witze, erkennt dann aber Gott sei Dank schlagartig den Ernst der Lage und schwingt sich hinters Steuer, während ich gebückt hinten im Wohnmobil hocke.

Beim Verlassen des Parkplatzes müssen wir dann tragischerweise eine gute Minute an einer Ampel warten. Ich schaue durch das Seitenfenster und sehe, wie der Tankstellenmann mit den anderen beiden Männern weitersucht. Sie laufen alle drei umher, öffnen die Tür des Lokals, schauen rein und erkunden danach finster die Straße. Ihr Blick fällt auch auf das Wohnmobil, aber genau in dem Moment wird die Ampel grün. Mechthild drückt aufs Gas, biegt links ab, 500 Meter später noch einmal und kurz darauf erneut. Dann halten wir auf einem großen, leeren Parkplatz, wo ich Mechthild mit jeder Menge Adrenalin im Blut die ganze Geschichte erzähle. Wir lachen und können diesen Wahnsinn kaum fassen, schließlich geht es hier um einen Müllbeutel in einem Mülleimer, nicht um irgendeine Straftat. Warum war der Mann derart übertrieben aufgebracht? Und was hätte er bloß angestellt, wenn er mich gefasst hätte? Ich spekuliere auf mindestens eine Schubserei.

Während der Analyse dieser letzten 20 Minuten blicke ich in den Rückspiegel und bin entsetzt. Da fährt doch tatsächlich der Tankstellenmann in seinem dunklen Kombi hinter uns auf den Parkplatz. Den Müllbeutel mit dabei.

Wie kann jemand so besessen sein? Und wie konnte er uns überhaupt finden? Mir fällt siedend heiß ein, dass uns wohl das hastig flüchtende Wohnmobil an der Ampel verraten haben muss. Und ab hier wird die Sache richtig absurd. Der Tankstellenmann hält nicht direkt neben uns, sondern fährt einen Kreis auf dem Parkplatz, um uns aus 80 Metern Entfernung zu beobachten. Mechthild steigt intuitiv wieder aufs Gas, um durch eine der beiden Ausfahrten abzuhauen. Zeitgleich drückt der Tankstellenmann auf die Tube, fährt aber nicht hinter uns her, sondern nimmt den gegenüberliegenden Ausgang. Ich sehe im Rückspiegel, wie er mit Vollgas nach dem Verlassen des Parkplatzes scharf links abbiegt, wahrscheinlich um uns den Weg abzuschneiden. Mechthild reagiert und reißt kurz vor der Ausfahrt das Steuer nach rechts, woraufhin sich die Schranktüren im Wohnmobil öffnen und Töpfe zu Boden fallen. So rasen wir quer über den Parkplatz und nehmen die gleiche Ausfahrt wie der Tankstellenmann, ein alter Trick aus den Verfolgungsjagden in amerikanischen Actionserien, die wir als Kinder gesehen haben. Genauso hatten es Duke und Duke in *Ein Duke kommt selten allein* oder Colt Seavers in *Ein Colt für alle Fälle* gemacht, um ihre Verfolger abzuhängen. Amerikanisches Actionfernsehen hilft uns mitten im Südwesten Deutschlands aus der Bredouille, es ist nicht zu fassen. Wir düsen mit weit über 50 Kilometer die Stunde aus Dinkelsbühl hinaus und haben den Tankstellenmann scheinbar wirklich abgehängt. Wir fahren immer weiter und weiter, so viel Angst haben wir, dass er irgendwo auf einmal wieder auftaucht. Ich schaue dauernd in den Rückspiegel und zucke jedes Mal nervös zusammen, wenn ich einen dunklen Kombi sehe – aber Fehlalarm, der Rächer ist besiegt! Wir hatten ihn zwar zunächst unterschätzt und nicht damit gerechnet, dass er uns auf dem Parkplatz aufspüren, geschweige denn uns überhaupt so weit verfolgen würde, aber ausgetrickst ist ausgetrickst!

Wie wütend er jetzt sein muss, so knapp dran, und dann im letzten Moment den alten Trick nicht auf dem Schirm gehabt. Ich frage mich ernsthaft, was hinter diesem Verhalten steckt. Geht es hier um Ordnung oder um Sauberkeit? Oder einfach nur ums Prinzip? Ist es gerechtfertigt, wegen eines kleinen Müllbeutels in einem Tankstellenmülleimer solch ein Drama zu veranstalten, so viel Zeit und Energie zu verschwenden, so viel Wut zu generieren? Und hätte mir diese bizarre Situation auch in anderen Regionen Deutschlands passieren können? Oder hat das Ganze mit den kulturellen Eigenarten der Südwestler und insbesondere der Schwaben zu tun, die hier gleich um die Ecke wohnen?

Für die Deutsche Welle hatte ich beispielsweise mal eine Reportage über die Kehrwoche in Schwaben gedreht. Diese Tradition besagt, dass am Samstagvormittag jeder Bürger dazu angehalten ist, wenigstens *vor,* wenn nicht sogar *in* seinem Haus für Sauberkeit zu sorgen. Vor einigen Jahren stand ich deshalb samstagvormittags an einem Hang in Stuttgart und beobachtete amüsiert, wie fünf Leute gleichzeitig in einer Reihe von jeweils 20 Metern Abstand die Bürgersteige vor ihren Häusern fegten. Auf meiner aktuellen Reise habe ich außerdem in Baden-Württemberg beobachtet, wie eine Frau mit einem Handfeger und einem Kehrblech die Bordsteinkante vor ihrem Haus reinigte. Und Mechthild erzählte mir dazu, dass sie während einer Wohnmobilfahrt zu unserem nächsten Treffpunkt mehrere Leute sah, die ihre Mülltonnen von Hand auswuschen und bei dieser Handlung fast in der Tonne verschwanden.

Ist dieser Sauberkeits- und Ordnungsfimmel wirklich so typisch für diese Region, oder handelt es sich hier eher um die zufällige Häufung einzelner Momentaufnahmen, die nicht den ganzen Landesteil widerspiegeln?

Beim Recherchieren stoße ich auf die Info, dass in schwäbischen Mietverträgen und Haushaltsordnungen die Kehrwoche oftmals schriftlich verankert ist. In Württemberg ist das seit dem 15. Jahrhundert Tradition. Besagte Woche setzt sich aus zwei Teilen zusammen, nämlich der kleinen und der großen Kehrwoche. Im wöchentlichen Wechsel wird demzufolge einmal der Flur und das Treppenhaus gereinigt (klein). Und dann Kellertreppe, Kellerflur, Hauseingang, Briefkastenanlage, Gehweg sowie Gemeinschaftsräume (groß). Das Ganze ist auf den Samstagvormittag angesetzt, und in verschiedenen Regionalratgebern für Neuzuziehende wird dazu aufgerufen, die Sache wirklich auch zu dieser Tageszeit zu erledigen – eine Frage des Images. Mit der ordentlichen Ausführung dieser Pflicht signalisiert man den Nachbarn laut dieser Ratgeber wahre Eingliederungsbereitschaft.

Sauberkeit und Ordnung werden im Südwesten Deutschlands also definitiv großgeschrieben. Dass Dinkelsbühl schon jenseits der bayerischen Grenze liegt und der Tankstellenmann in seiner Intensität beim Thema Müll beziehungsweise Sauberkeit und Ordnung wahrscheinlich eine Ausnahme darstellt, ist mir wohlbewusst. Deshalb kann ich meinen Besuch in dieser Region durchaus als Bereicherung hinter mir lassen und muss definitiv unterstreichen, dass ich alle Deutschen – egal ob Schwaben, Franken, Bayern, Thüringer, Berliner, Ostfriesen,

Rheinländer oder Sauerländer wie mich – gleichermaßen wertschätze, auch wenn sie mitunter ganz unterschiedliche kulturelle Prägungen haben. (Wir Sauerländer gelten übrigens als stur und trinkfest, aber auch als treue Seelen.)

Ich möchte es mir allerdings nicht nehmen lassen, dem Tankstellenmann noch einen kurzen offenen Brief zu schreiben:

Lieber Tankstellenmann,

ich hoffe, dass Sie mittlerweile den elenden Müllbeutel losgeworden sind, und ich entschuldige mich zuallererst dafür, dass ich diesen in den Mülleimer der Tankstelle gesteckt habe. Das sollte man eigentlich nicht tun. Trotzdem möchte ich Sie gerne fragen, ob Ihnen die Suchaktion durch das Fastfoodrestaurant mitsamt Toilettenversteckspiel, die Zuhilfenahme zwei weiterer Männer, die Verfolgungsjagd mit Ihrem Auto und die überaus wütenden Gesten dem Tatbestand tatsächlich angemessen erschienen. Denken Sie doch nur, was Sie in dieser Zeit alles hätten machen können: sonnenbaden, schmackhafte Burger kaufen, fröhliche Gespräche mit Tankstellenkunden führen usw.
Es würde mich freuen, wenn wir beide diese Situation mit dem Fazit abhaken, dass wir alle etwas aus dieser Situation gelernt haben.

Nur das Beste wünscht Ihnen
Ihr Müllbeutel-Micha

1947 km

Knapp 70 000 Kalorien verbrannt!

Meine Rollerreise wird an diesem Punkt um genau zwei Kilometer abgekürzt, muss ich gestehen. Das Weiterrollern direkt aus Dinkelsbühl erscheint mir doch zu heikel, deshalb starte ich am folgenden Morgen lieber außerhalb des Ortes.

Innerhalb von zwei Tagen rollere ich weitere stolze 131 Kilometer durch idyllische, nun wieder baden-württembergische Landschaften. Der Schock durch den Tankstellenmann ist bald vergessen, denn es gibt gleich zwei Dinge zu feiern: zum einen das 66-Tage-Challenge-Jubiläum. Das mag etwas an den Haaren herbeigezogen sein, aber ich muss mir freudige Situationen herbeizaubern, um die Motivation am Ende der Reise aufrechtzuhalten. Am liebsten würde ich mich nämlich einfach auf mein Sofa lümmeln und fernsehen. Klar ist die Reise ein Riesenspaß, aber meine Energie ist nun wirklich alle. Also feiern Mechthild und ich mit einer Flasche alkoholfreiem Sekt im Wohnmobil das 66-Tage-Jubiläum, welches vom 2000-Kilometer-Jubiläum einen Tag später, bald vom 70-Tage-Jubiläum und schließlich dem 2222-Kilometer-Jubiläum übertroffen werden soll.

Gerade als ich die 2000-Kilometer-Grenze durchbrochen habe, erhalte ich eine E-Mail von Julian Sandiano von der Ostfalia Hochschule für angewandte Wissenschaften, gegen den ich in Wolfsburg das große Rennen VW gegen Tretroller bestritt. Er war es auch gewesen, der mir durch den Alterssimulationsanzug einen Einblick in das Leben eines alten Menschen ermöglichte.

Julian jedenfalls schickt mir nun eine Liste mit allen möglichen Fakten zu meiner Tretrollerreise.

Insgesamt werde ich auf den 2500 Kilometern wohl 714 286 Tritte absolvieren und dabei 69 340 Kalorien verbrauchen. Das glaube ich sofort, da ich mittlerweile nur noch 80 Kilo wiege, während es vor einem halben Jahr noch 94 waren!

Mit diesem Kalorienverbrauch kann ich also 610 zusätzliche Big Macs verdrücken, ohne an Gewicht zuzunehmen (während der Tankstellenmann vor dem Burgerladen auf und ab marschiert). Oder ich könnte eine 60-Watt-Glühbirne 5400 Stunden lang zum Leuchten bringen beziehungsweise 134 Stunden lang Staub saugen oder 4830 Hemden bügeln.

Mir wird bewusst, dass meine Müdigkeit und Motivationslöcher auf der Zielgeraden meiner Reise definitiv ihre Gründe haben. Auch ein guter Grund zum Feiern!

Wo genau ich gefeiert habe und was die baden-württembergischen Örtchen, in denen ich die Nacht verbringen durfte, so alles zu bieten haben, erfahrt Ihr hier:

Michelstadt
Dieser Ort sieht auf den ersten Blick nach einer netten kleinen Stadt aus, die kein Wässerchen trüben kann.

Doch weit gefehlt! Ich schlafe mit Mechthild im Wohn-mobil auf einem großen Supermarktparkplatz, als wir bemerken, wie immer wieder Rentnergruppen in Reise-bussen neben uns aussteigen, um den Ort zu besichti-gen. An einem Punkt entladen drei Busse gleichzeitig ihre älteren Herrschaften direkt neben uns. Viele von ihnen schauen neugierig aus ihren Bussen in unser Wohnmobil hinein und finden es total spannend, dass zwei Leute da-rin schlafen wollen. Äußerst exotisch muss ihnen das vorkommen. Also nehmen sie ihre Fotoapparate und fo-tografieren munter durch unser Wohnmobilfenster hin-durch. Blitzlicht links, Blitzlicht rechts und schnell noch ein kleines Blitzlicht aus einem anderen Winkel, damit man die beiden Zootierchen auch wirklich in all ihren Facetten festgehalten hat. Macht das nächste Mal doch bitte wenigstens Euer Blitzlicht aus, besonders wenn es hell ist!

Mannheim

Die drittgrößte Stadt von Baden-Württemberg hat be-kanntermaßen die Ufo-Sichtungen erfunden, bietet al-lerdings noch viele Erfindungen mehr: Das erste Zwei-rad und der elektrische Fahrstuhl wurden in Mannheim erfunden beziehungsweise zum ersten Mal in Betrieb genommen, Carl Benz lenkte das erste Auto durch Mannheim, und der Mannheimer Julius Hatry konstru-ierte 1929 das erste Raketenflugzeug. Wann dürfen wir denn mit dem Raketentretroller rechnen, liebe Mannhei-mer?

Heidelberg

In dieser pittoresken Stadt (wie auch in Mannheim) wird die Mundart Kurpellsisch, also Kurpfälzisch, gesprochen. Für alle Besucher dieses Landstrichs hier ein kleines Lexikon dieses wunderbaren Dialekts:

»Hea, heere mol heer, hea!« – »Hey, hör mal her!«

»Hea, is da was zu eng? Saachschs graad!« – ungefähr: »Willst du etwa Streit?«

»Sie werre sisch endschuldische: Mer kenne uns, awwer isch kumm net uff Sie druff!« – »Wir kennen uns, aber ich komme nicht darauf, woher.«

»Willsch ä Passbild?« – Jemand möchte nicht angestarrt werden.

Öhringen

Beim Einfahren in den Ort fliegt mir ein selbst gedichtetes Lied ins Ohr: »Öhringen und Möhringen ... lalalala. Möhringen und Öhringen ... lalala ...« Zugegeben, ein äußerst unkreativer Text, aber ich kriege die Melodie noch Tage nach meinem Besuch in Öhringen einfach nicht mehr aus dem Kopf. Dabei gibt es viel lustigere Orte mit der Endung »-ingen«, wie zum Beispiel Schwetzingen, Winzingen, Tieringen, Wurmlingen, Denkingen oder das schmutzige Sauingen. Dieses Bundesland ist vollgepackt mit Hunderten von Ingens. Einige Orte kriegen den Hals nicht voll und bestehen gleich auf zwei davon, Villingen-Schwenningen etwa. Da sag ich mal: Respektingen!

Dinkelsbühl

Auch bekannt als »Stadt des Stadtbeleuchtungsautomaten« oder »Stadt des Müllbeutelrächers«. Mehr noch:
Auf der Internetseite der Abfallentsorgung Dinkelsbühl
ist folgendes Angebot zu finden:

Kostenlose Restmüllsäcke für Pflegefälle und Neugeborene

*Seit 01.01.2006 stellt der Landkreis Ansbach zehn
Zusatzrestmüllsäcke für Neugeborene zur Verfügung.*

Ja, die Müllentsorgung hat hier wirklich einen hohen
Stellenwert und ist für alles und jeden genauestens ge-
regelt.

Schwäbisch Gmünd

Heimliger und beschaulicher könnte eine Stadt wohl
kaum aussehen. Doch wie wir alle wissen, hat jede Medaille zwei Seiten. So wuchs die damalige RAF-Terro-
ristin Gudrun Ensslin im südlich gelegenen Tuttlingen
auf und studierte in Schwäbisch Gmünd. Sie war Mit-
begründerin der Roten Armee Fraktion, dem wohl größten Staatsfeind der deutschen Nachkriegsgeschichte. Insgesamt kamen 34 Menschen durch RAF-Aktionen ums
Leben.

2005 hatte ich die Gelegenheit, das ehemalige RAF-
Mitglied Peter-Jürgen Boock zu besuchen und zu in-
terviewen. Er schilderte mir die Vorgänge in der RAF,
seine Beteiligung an der Schleyer-Entführung und wie alles außer Rand und Band geraten ist: von einer Ideo-

logie zur Veränderung der Gesellschaft bis hin zur gnadenlosen und unkontrollierten Gewalt. Das emotionale und selbstkritische Interview berührte mich bislang wie kaum ein anderes.

Metzingen

Schon wieder ein Ingen. Man wird sie einfach nicht los. Hier haben wir es mit Outletcity(ngen) zu tun. Mitten im beschaulichen Fachwerkhaus-Städtchen von gerade mal 22 000 Einwohnern hat man eine moderne Stadt mit riesigen Verkaufskomplexen errichtet, die sehr amerikanisch anmutet, die sogenannte Outletcity Metzingen, in der es eine große Palette an Modemarken zu angeblichen Sonderpreisen zu kaufen gibt. Sie zieht jährlich drei Millionen Besucher an und macht Metzingen damit zu einer größeren Shoppingmetropole als Hannover, Nürnberg oder Stuttgart. Viele Bürger finden das Ganze trotz der niedrigeren Arbeitslosigkeit nicht so lustig, da die Besucherströme besonders samstags das Städtchen regelrecht belagern und der Einzelhandel im Ortskern weniger Umsätze hat.

Der Anblick dieses ungewöhnlichen Kontrasts zwischen historischem Stadtkern und moderner Shoppingoase ist ziemlich skurril und auf alle Fälle sehenswert.

2078 km

Unrasiert bei den Bartweltmeistern

Am nächsten Morgen rollere ich noch einmal knapp 70 Kilometer Richtung Südwesten. Nun sind die letzten zehn Tage meiner Challenge angebrochen. Es heißt Gas geben, meine verbleibenden Deutschlandorte abklappern. Und es fühlt sich inzwischen leider wirklich nach Abklappern an, weil nach 80 Tagen einfach Schluss sein muss. Sollte ich bis dahin nicht das Haldenwanger Eck erreicht haben, ist die Challenge verloren. Vor meinem inneren Auge sehe ich schon meinen Herausforderer von der Deutschen Welle oben vom Berg herunterwinken und höre, wie es durch die Alpentäler schallt: »Wiiiii-iiiiii-ggge, ver-loooo-oooo-ren!« Da das auf keinen Fall passieren darf, wird mein Zwischenstopp beim Bartclub Schömberg ein kurzer, und das noch am selben Abend.

In einer Dorfkneipe von Schömberg treffe ich mich mit 15 Männern, die alle mit üppigen Bärten ausgestattet sind. Der Vorsitzende Markus Bross erzählt mir, dass sein Bartclub der erfolgreichste seiner Art sei, und zwar international! Aktuell haben die Schömberger fünf Weltmeister vorzuweisen. Wobei ich den Zusammenhang zwischen Bärten und Meisterschaften zunächst nicht ganz kapiere. Ziehen die Herren mit ihren Bärten etwa Lkws durch die Gegend, oder geht es dabei vielleicht um den schnellsten Bartwuchs?

Markus Bross erklärt mir dann, dass es sich ausschließlich um Schönheit dreht. Insgesamt kann man in 17 Bartkategorien antreten. Eine Jury begutachtet sämtliche Bartträger einer Kategorie fachmännisch und ermittelt den schönsten – welcher zum Weltmeister gekürt wird. Insgesamt gibt es drei Oberkategorien: Schnauzbärte, Kinn- und Backenbärte sowie Vollbärte, darunter gruppieren sich dann solch hübsche Kategorien wie Musketierbart, Chinesischer Bart oder Garibaldi-Bart.

Des Weiteren bekomme ich staunend zu hören, dass die bärtigen Männer Fans und regelrechte Groupies haben, die ihnen voller Bewunderung hinterherreisen. Allerdings wird die Attraktivität dieses Promistatus laut Markus Bross etwas wehmütig dadurch relativiert, dass besagte Groupies eher der Gruppe 50 plus angehören.

Auch wenn ich nicht der offiziellen Weltmeisterjury angehöre, beschließe ich, meine persönliche Top Drei aus der geselligen Runde auszuwählen.

Platz drei ist für mich Gerald Geiger, der es mit seinem Chinesischen Bart (zwei gedrehte Bartzipfel hängen jeweils zehn Zentimeter nach unten) zweimal zum Europameister gebracht hat.

Silber wird von mir an Reinhard Bürker verliehen, der mit seinem Musketierbart einem dieser edlen Fußsoldaten total ähnlich sieht, wenn nur der Nordschwarzwälder Dialekt nicht wäre. Später erfahre ich, dass er Silber von mir nur mäßig fand, da er zu den Schwergewichten in der Bartszene gehört: Internationaler Schwäbischer Meister, Deutscher Meister, Italienischer Meister (wie? Ändert er regelmäßig seine Nationalität?), Europameister, Superbartmeister, Weltmeister und Olympiasieger. Klar, dass da die Wigge-Silbermedaille nicht mehr so gut ankommt ...

Mein persönlicher Sieger des Abends ist Franz Pill, der einen riesigen Vollbart trägt und sich mit dem ersten Platz gerade so zufriedengibt. Denn auch hier: dreimal Weltmeister, siebenmal Europameister, sechsmal Deutscher Meister.

Jaja, in einigen Sportarten gibt es anscheinend mehr Titel zu gewinnen als in anderen.

Am nächsten Morgen erinnere ich mich an die Aussage, dass die Bartträger Groupies haben und bei den Frauen recht gut ankommen. Ob das stimmt? Ich mache den Test und bitte auf dem Schömberger Marktplatz drei Frauen mit einer Rose in der Hand und jeweils drei unterschiedlich angeklebten Bärten um ein Kaffeedate. Wie viele werden sich darauf einlassen?

Als Erstes trage ich einen großen, grauen Vollbart, der mir bis zur Brust geht. Ich versuche, einer Passantin die Rose zu überreichen, und frage sie ohne Umschweife nach einer Verabredung zum Kaffee, meinen großen Vollbart direkt auf sie gerichtet. Die Dame scheint das zu verstören, sie nimmt die Rose nicht an und möchte auch nicht auf ein Date mit mir. Sie geht wortlos weg. Was ist passiert? Hatte sie erkannt, dass der Bart nicht echt ist? Oder war sie überfordert von so viel Bart und konnte ihr Glück kaum fassen?

Ran an den zweiten Versuch mit einem blond gelockten Vollbart. Damit konfrontiere ich passenderweise eine blonde Frau. Vielleicht hilft es – und ja, sie fühlt sich geschmeichelt, schaut immer wieder fröhlich und aufgeregt auf meinen blonden Lockenbart, nimmt die Rose an und willigt ein, mit mir einen Kaffee trinken zu gehen.

Es folgt der Test mit einem angeklebten Schnauzbart, seine Enden sind ziemlich lang, so lang, dass er beinahe in die Kategorie Chinesischer Bart fallen könnte. Mein erster Kontaktversuch geht voll in die Hose. Die Dame setzt sich schnell in ihr Auto und fährt wortlos und ohne Blickkontakt davon. Sie wirkt verängstigt. Warum nur? Sind Schnauzbärte zu dominant? Ich versuche es bei einer weiteren Dame und bekomme einen ähnlichen Korb.

Damit ist klar: An alle Männer, die gerade auf der Suche sind – klebt Euch einen blonden Lockenbart an, er wirkt Wunder. In den Bart- und Datingwissenschaften ist dieses Phänomen wohlbekannt, und man bezeichnet es als »Nikolaus-Syndrom«. Meiner kleinen Feldstudie zufolge fahren *alle* Frauen darauf ab. Es lohnt sich! Aber Vorsicht mit den Schnauzbärten!

Film ab!

Noch mehr deutsche Superlative

Am nächsten Tag erreiche ich nach 50 Kilometern Triberg im Schwarzwald. Die Fahrt das Mittelgebirge hinauf ist noch mal schwierig, und bei meinem Zeitdruck ein nicht einkalkulierter, ärgerlicher Zeitfresser.

Auch in diesem Ort muss alles ganz schnell gehen. Mein Besuch gilt der weltgrößten Kuckucksuhr. Auf den ersten Blick ein tolles Ding, 15 Meter hoch, begehbar, ein großes Uhrwerk mit einem Kuckuck, der wohl fast so groß ist wie ich selbst. Im Vorfeld habe ich zwei Telefonate geführt, um sie mir anschauen und mit dem Chef reden zu dürfen.

Doch die Begrüßung fällt nicht freundlich aus. Eine Dame an der Kasse des großen Kuckucksuhrverkaufsraums lässt mich wissen, dass der Chef keine Zeit für mich habe. Ich erkläre ihr, dass es so mit ihm abgesprochen war, sie geht zum Vorgesetzten ins Büro, kommt wieder und fertigt mich damit ab, dass er sich an die Gespräche mit mir nicht mehr erinnern könne. Ich spüre riesigen Stress in mir hochsteigen, diese Uhr ist ein wichtiger Teil meiner Deutschlandrecherche. Und ich bin in Zeitnot! Also argumentiere ich weiter, veranlasse die Dame, noch einmal zum Chef zu gehen, und sie kommt mit einem strikten NEIN zurück. Diese mangelnde Freundlichkeit ist wirklich erstaunlich, zumal eine Videoreportage und eine Buchpublikation für diese touristische Attraktion doch eine angenehme Sache sein dürften. Stattdessen werde ich wie ein Störenfried behandelt.

Was nun? Für das Suchen einer neuen Attraktion bleibt keine Zeit, also muss der Notplan raus. Ich behaupte, ich wäre heute eigens aus Berlin angereist und würde hier nicht ohne Chefgespräch wieder rausgehen. (Ich hätte mich mit Handschellen an die Kuckucksuhr anketten sollen!) Plötzlich steht ebendieser Chef vor mir und willigt notgedrungen ein – aber nur für maximal fünf Minuten! Er zeigt mir schnell das große Uhrwerk und unterstreicht, dass das hier die wahre weltgrößte Kuckucksuhr sei und nicht die in Schonach, die sich die »erste weltgrößte Kuckucksuhr« nenne.

Beim Hinausgehen fallen mir die Rentnermassen auf, die durch den Verkaufsladen geschleust werden. Neben den Schwarzwälder Spezialuhren gibt es hier auch Teddybären und Schulranzen mit Barbieaufdruck und jede Menge anderen Krimskrams zu kaufen, was bei den unzähligen kauffreudigen Seniorengruppen sehr gut ankommt. Irgendwie scheint die eigentliche Touristenattraktion, die weltgrößte Kuckucksuhr neben dem Verkaufsladen, eher nebensächlich.

Ganz schön traurig, wie ein Superlativ als Verkaufsmasche genutzt wird.

Auf meiner Rollerstrecke ins benachbarte Schonach fahre ich an den höchsten Wasserfällen Deutschlands vorbei. Um direkt vor ihnen herzufahren, muss man 3,50 Euro zahlen, doch ich entdecke zufällig 50 Meter weiter einen zweiten Eingang, durch den man kostenlos hineinkann. Die Touristenscharen werden aber natürlich zum teuren Eingang geführt. Ich erinnere mich an die Worte des »Chinesenbartträgers« vom Bartclub, der mir im breitesten Dialekt erklärte, dass oberhalb der Triberger Wasserfälle ein See liegt. Dort wird wohl nachts das Wasser gestaut, damit Deutschlands höchste Wasserfälle tagsüber zu ihrer vollen Höhe gelangen. Nachts seien die Wasserfälle, so der »Chinese«, kaum existent, weil ihr Wasser währenddessen für den nächsten Tag gestaut würde, um am nächsten Morgen wieder mit voller Wucht für die Touristen fließen zu können.

Auch diese Aussage hinterlässt einen komischen Beigeschmack bei mir. Geht denn alles nur ums Geld?

In Schonach erreiche ich dann die »erste weltgrößte Kuckucksuhr«, ebenfalls ein begehbares Haus, diesmal allerdings im Maßstab 50 zu eins, gemessen an einer normalen Kuckucksuhr. Respektabel, aber etwas kleiner als die weltgrößte.

Vor dieser Uhr steht nun ein großes Schild mit der Aufschrift: »Original weltgrößte Kuckucksuhr«. Wie viele weltgrößte Schwarzwälder Uhren gibt es denn insgesamt, und wie gelangen sie zu ihrem stolzen Titel? Der Erbauer Josef Dold erklärt mir, dass seine weltgrößte Kuckucksuhr zuerst da war, bis die Konkurrenz im Tal eine noch größere baute. Wohlwollend betrachtet, ist Dolds Uhr damit die erste und das Original.

Ich frage den Erbauer, ob ich denn nun auch die *letzte* weltgrößte Kuckucksuhr bauen könnte, um ebenfalls in den Kreis der Rekorduhren aufgenommen zu werden.

Er lacht und nimmt es mit Humor, insgesamt wirkt der alte Mann in seiner Schwarzwaldtracht und mit seinem Bauwerk sehr sympathisch. Die Touristenattraktion an sich steht im Vordergrund, es gibt nur eine kleine Verkaufsecke, und Herr Dold hat seine Uhr aus Leidenschaft gebaut. Er wirkt glücklich, während er über die Konstruktion seiner Uhr redet, er selbst pflegt noch viele der klassischen Schwarzwald-Traditionen. Das ist wahrhaft Balsam für meine Seele. Herr Dold rückt die Superlative Deutschlands für mich wieder ins rechte Licht. Doch als ich in den Vorgarten der ersten weltgrößten und originalen Kuckucksuhr trete, muss ich lachen: Dort thront nicht nur der weltgrößte Bollenhut mit bestimmt zwei Metern Durchmesser, sondern auch der wahrscheinlich weltgrößte Kunststofffliegenpilz. Wir Deutschen können es einfach nicht lassen. Wir wollen bei allem hoch hinaus.

Film ab!

Der geheimste Ort Deutschlands

Nach 75 Tagen erreiche ich einen weiteren Superlativ: den geheimsten Ort Deutschlands! Mir ist von all den größten, höchsten und tollsten Dingen schon ein wenig schwindelig. Reicht denn nicht auch mal das Mittelmaß? Doch dieser Ort hält wirklich, was er verspricht. Es handelt sich dabei um den Barbarastollen im Hochschwarzwald, der vom Bundesamt für Katastrophenschutz geführt und bewacht wird und ungefähr eine Milliarde Mikrofilmkopien von Deutschlands wichtigsten Kulturgütern fasst.

Mit dem Historiker Dr. Martin Luchterhandt betrete ich kurze Zeit später den Hochsicherheitstrakt des Stollens, der mit Videokameras und verschiedenen Sicherheitsschleusen versehen ist. Wir gehen 400 Meter tief hinab und stehen auf einmal vor knapp 1500 Metallbehältern, die besagte Mikrofilmkopien enthalten. Dr. Luchterhandt erklärt mir, dass die Kopien dazu dienen, das deutsche Kulturgut für die Ewigkeit zu erhalten, selbst wenn die Originale im Fall einer Katastrophe verloren gehen. So kann ich etwa die Kopie der Ernennungsurkunde Karl des Großen aus dem Jahre 794 bestaunen, gefolgt von der Proklamationsurkunde zur Ernennung Bayerns zum Königreich von 1806. Faszinierend – und schön, dass unsere Regierung dieses Kulturgut derart wertschätzt.

Dabei hat diese Form der Kulturkonservierung auch schwierige Seiten. Da zu unserer Geschichte neben dem Kulturgut der Dichter und Denker, der Musiker und anderer Künstler sowie der Wissenschaften genauso der wenig rühmliche Teil der Nazizeit gehört, ist in den Fässern beispielsweise auch die Ernennungsurkunde Hitlers zum Reichskanzler gelagert, die aus Sicht der Historiker ebenso wichtig ist wie andere Schriftstücke. Während der Führung einer amerikanischen Delegation durch den Stollen wurde diese wohl neben der Urkunde Karls des Großen vorgezeigt, ohne zu bedenken, dass Teilnehmer mit einem jüdischen Hintergrund unter den Delegierten sein könnten. Es kam zum Eklat, und man entschied sich, die Hitler-Ernennungsurkunde nach wie vor aufzubewahren, jedoch nicht mehr zu präsentieren.

Am Ende meines Stollenbesuchs erlaubt mir Dr. Luchterhandt, die langen Stollengänge für ein kleines Tretrollerrennen zu nutzen. Eine ideale Rennstrecke, solange man nicht mitten in die Metallfässer braust und kurzerhand die Baupläne des Kölner Doms durchrollert. Aber mein Guide ist wachsam und lässt mich deshalb trotzdem auf und ab rasen. Danach muss ich mich belehren lassen, dass vorliegendes Buch übrigens leider keine Chance hätte, als Kopie im Stollen zu landen, da es bereits in hoher Zahl veröffentlicht werden wird. Schade! Nur Einzelstücke kommen in die engere Wahl.

Kurz darauf geht es mit dem Tretroller in Windeseile weiter Richtung Osten, ich habe nur noch knapp sechs Tage Zeit, um auf dem fast 2000 Meter hohen südlichsten Punkt Deutschlands anzukommen. Innerhalb von drei Tagen rollere ich stolze 210 Kilometer und lege sogar eine Teil-Nachtfahrt ein, da es am zweiten Abend zu einem kleinen Ausfall kommt.

Mechthild und ich beschließen, das Fast-Ende der Challenge zu feiern, schließlich waren die letzten 75 Tage von eiserner Disziplin und kaum einer freien Minute geprägt. Wir brauchen unbedingt eine Party, um die Anspannung lösen zu können. Da im ländlichen Baden-Württemberg aber weit und breit keine Party aufzutreiben ist, kaufen wir ein paar Bier und eine Weinflasche, um zum ersten Mal seit 75 Tagen Alkohol zu konsumieren. Alles fängt ganz harmlos an. Wir stoßen an, lassen die Reise Revue passieren und trinken ein Schlückchen hier, ein Schlückchen da, bis zwei Bier und eine Flasche Wein ganz plötzlich alle sind. »Wie, so schnell?«, frage ich und stehe fünf Minuten später mit einer neuen Weinflasche in der nächsten Kneipe. Diese ist bei all der Euphorie auch wieder bald alle, und so wiederholt sich der Weinflaschenkauf und wiederholt sich der Weinflaschenkauf, bis der Abend ziemlich angetrunken endet. Wir sitzen am Tisch des Wohnmobils, und ich höre nicht auf, Mechthild zum High-Five-Schlagen zu animieren, während sie sich über meine Euphorie köstlich amüsiert. Es folgen spätnächtliche Anrufe von mir bei alten Freunden aus England, die bereits schlafen und deshalb am nächsten Morgen auf ihrer Voicemail ungefähr Folgendes hören:

»Haaaaaaallo, Alan, was geeeeht? Ich stehe hier auf 'ner Tretrollerdingens, weißt schon, mit so 'nem Ding hin und

heeeeer. Das Leben ist so toooooll! Du bist mein bee-
ester Freund! (Es folgen zehn Sekunden Stille, weil ich
fast eingeschlafen wäre.) Ja, und das Haltenwadener Eck
ist bald da, das alte Haus!

Aaaaalaaaaaan, was geeht? Wir müssen reeeeden. Linkes Bein, rechtes Bein. Linkes. Du auuuuuch!«

Dann bricht mein Monolog wohl ab, wie mir Alan am
nächsten Tag erzählt. Anscheinend bin ich tatsächlich
mitten im Selbstgespräch eingeschlafen.

Mein Zustand am nächsten Tag ist äußerst delikat. Ich
habe Kopfschmerzen, und mir ist schlecht. Jeder Kilometer auf dem Tretroller fühlt sich wie eine steile Berg-
etappe an, obwohl ich aus dem Schwarzwald eher bergab rollere. Warum habe ich mir so etwas nur angetan,
gerade in der extrem hektischen Endphase dieser Reise,
wo jeder Kilometer zählt? Ich bin sauer auf mich, gleichzeitig mussten wir auch irgendwie mal abschalten, einfach mal nur Quatsch machen, eine Phase strengster Disziplin kann ich eben nur für eine gewisse Dauer ertragen.

Zum Glück holt die kurz darauffolgende Fahrt am
Abend und in der Nacht meine verlorenen Kilometer
fast wieder auf. Im Dunkeln zu fahren ist übrigens nicht
leicht, auch wenn der Roller mit Lichtern ausgestattet
ist. Ich zähle nun andauernd Restkilometer und Resttage
und berechne, dass ich ein bis zwei Tage hinten liege. Ich
muss es irgendwie schaffen, egal wie!

2380 km

Film ab!

Endspurt – gewinnen oder verlieren!

Meine Tretrollerstrecke durch das Voralpenland zieht sich durch die aktuelle Hitze und die Erschöpfung unendlich lang. Es sind am dritten Tag schwülwarme 35 Grad, und meine Gedanken drehen sich nur noch darum, diese Challenge irgendwie hinter mich zu bringen. *Wie*, ist mir beinahe schon egal. Dazu dieser ständige Durst! Leider gibt es im Allgäu zwischen 12 und 16 Uhr tatsächlich weit und breit kein geöffnetes Geschäft, das mir ein Getränk verkaufen könnte. Als erste Maßnahme springe ich zur Abkühlung in einen Bergbach, das hilft schon ein wenig, löscht aber den Durst nicht. Ich habe keine andere Wahl, ich muss kurzzeitig in die Illegalität abrutschen, so unschön das ist.

Mit wüstengleicher Kehle bin ich mit schlafwandlerischer Sicherheit vor einem geschlossenen Tante-Emma-Laden in einem kleinen bayerischen Dorf gelandet. Vor der Tür befindet sich eine Kühltruhe mit Getränken. So ein Vertrauen in die Menschheit darf man natürlich auf gar keinen Fall ausnutzen, sage ich zu mir. Eine Zehntelsekunde später ist eine dieser Limonadenflaschen schon auf ex durch meinen Rachen geflossen. Ich konnte einfach nicht an mich halten, ich bin so unglaublich überhitzt und ausgetrocknet. Ein Passant schaut über den Dorfplatz zu mir herüber und scheint den illegalen Zugriff auf die Getränke ausgemacht zu haben. Irgendetwas Unverständliches nuschelt er säuerlich auf Allgäuerisch in meine Richtung. Natürlich weiß ich, dass es ist nicht richtig ist, sich einfach an Kühltruhen zu bedienen, aber die Sache ist nun mal ein äußerster Notfall. Trotzdem kriecht ein wenig Panik in mir hoch. Was, wenn plötzlich die bekanntermaßen strenge bayerische Polizei daherkommt und mich wegen Diebstahl festnimmt? Wenn ich schon aufgrund einer falsch platzierten Mülltüte verfolgt werde, wer weiß, wie dann Limonadenklau hier bestraft wird? Schnell schiebe ich zwei Euro unter der Ladentür durch. Am 80. Tag meiner Rollerreise möchte ich nicht auf einer Polizeiwache landen, sondern bitte, bitte auf dem Haldenwanger Eck. Leicht schuldbewusst ziehe ich auf Ferdinand von dannen.

Die kleinste mobile Privatbrauerei –
und ich muss weiter

Nach 79 Tagen erreiche ich das kleine Dorf Missen-Wilhams, das keine 50 Kilometer vom Haldenwanger Eck entfernt liegt. Hört sich so an, als wäre der Sieg locker zu schaffen, allerdings hatte ich mir vorgenommen, 30 ungewöhnliche Deutschlandgeschichten zu sammeln – und aktuell fehlen noch zwei. Also geht es im Eiltempo in die örtliche Brauerei, die sich damit schmückt, »die weltweit kleinste mobile Brauerei« zu besitzen. Schon wieder ein Superlativ. Mich wundert es nach all den kleinsten und tiefsten und mittelsten und größten und höchsten Attraktionen überhaupt nicht, dass der Superlativwahnsinn auch am Alpenrand weitergeht.

Am Ziel angekommen, stehe ich schwitzend vor einem Tisch, auf dem sich eine etwa 2,50 Meter lange Minibrauerei befindet, die 50 Liter Bier innerhalb eines Brauvorgangs herstellen kann. Ihr Erbauer Dieter Graßl erklärt mir, dass hier alles genauso läuft wie in einer großen Brauerei und das Bier auch genau die gleiche Qualität hat. Ich bemühe mich redlich, mich auf seine ausführlichen, freundlichen Erläuterungen zum Thema Bierbrauen zu konzentrieren, aber ich schaffe es kaum zuzuhören, da meine Gedanken noch immer um meine

80-Tage-Challenge kreisen und ich einfach schleunigst weitermuss. Herrje, eigentlich müsste ich ihm meine Kamera dalassen und ihn bitten, sein Wunderwerk selbst zu filmen. Geht natürlich nicht, macht man selbstverständlich nicht, und verdient hat es der gute Mann auch nicht. Also reiße ich mich zusammen, auch wenn ich für den Prozess des Bierbrauens wenig aufnahmefähig bin und beim Filmen seine Worte immer wiederholen muss, um bei der Stange zu bleiben: »Zuerst maischen, dann läutern, dann kochen, danach gären und reifen, und das Bier ist fertig. Ahaaa … Super, das ist echt beeindruckend!«

Danach spiele ich diesen Vorgang schnell noch einmal durch und notiere mir die wichtigsten Fakten, nämlich dass es in Deutschland 5000 Biersorten und 1200 Brauereien gibt, das macht fast ein Drittel sämtlicher Brauereien weltweit. Anschließend äußere ich noch mein Bedauern darüber, dass der Bierkonsum in Deutschland von 116 Liter pro Kopf im Jahr 2004 auf 107 Liter im Jahr 2011 abgenommen hat und Kaffee mit einem Konsum von über 150 Liter pro Kopf im Jahr in Deutschland populärer ist als Bier. Was ist bloß aus unserer Biernation geworden? Dankend und lobend und mit einem schlechten Gewissen verschwinde ich kurz darauf im Eiltempo aus der Tür. Mechthild bittet den verdutzten Bierbrauer noch zügig um eine Unterschrift für die Sendegenehmigung der Videoschnipsel und versucht, die Eile des Tretrollerreporters zu entschuldigen.

Keine zwei Minuten später mühe ich mich wieder in der Hitze Bayerns ab. Irgendwie tut mir der Bierbrauer leid, unser Treffen hat keine zwei Stunden gedauert. Er hat bestimmt gemerkt, dass ich beim Filmen seiner Anlage nicht ganz bei der Sache war. Das möchte ich wiedergutmachen:

Lieber Bierbrauer,

es ist schandhaft, wie ich mich Ihrer kleinsten mobilen Privatbrauerei der Welt gegenüber benommen habe. Die ganze Hektik und das regelrechte Herausstürmen aus Ihrem Brauhaus waren dieser Besonderheit in keiner Weise würdig, darüber bin ich mir im Klaren. Ich gebe Ihnen hiermit mein Wort, dass ich wiederkommen werde, und zwar ganz ohne Tretroller-Challenge. Das nächste Mal werde ich mehr Zeit mitbringen und versuchen, voll und ganz zu verstehen, was Maischen, Läutern und Reifen bedeutet. Ehrlich gesagt, habe ich davon noch immer keine Ahnung, obwohl ich vor der Kamera so getan habe, als ob.
In meiner jetzigen Situation geht es leider tatsächlich nur noch darum, die Challenge um jeden Preis zu gewinnen – 80 Tage oder 81! Ich bitte höflichst um Ihr Verständnis.

Ein herzliches Prosit
Ihr Weizen-Wigge

 **Film ab!**

Unordnung in Oberstdorf

Mein Plan war es, noch am selben Abend Oberstdorf zu erreichen, Deutschlands südlichste Stadt, um an Tag 80 in das direkt dahinter liegende Haldenwanger Eck einzufahren. Doch so sehr ich mich auch mit den steilen Hügeln des Oberallgäus abrackere, circa 15 Kilometer vor dem Ort muss ich spätabends abbrechen. Ich bin total am Ende, lasse mich von Mechthild abholen und falle um 23 Uhr mit solchen Schwindelgefühlen ins Bett, als hätte ich die Privatbrauerei komplett leer gesoffen.

Am nächsten Morgen – TAG 80! – klingelt der Wecker um sechs Uhr früh, und es fühlt sich an, als würde das Handy mir den Marsch blasen. Was für ein erbarmungsloser militärischer Drill! Aber ich muss raus aus den Federn, egal, wie gerädert ich mich noch fühle. Heute geht es um die Wurst. Ich habe so lange so hart gekämpft. Die Sache an Tag 81 abzuschließen wäre ein wahrhaft trauriges Ende. Ich raffe mich also irgendwie auf und rollere ohne Frühstück durch die phantastische Voralpenlandschaft, deren Schönheit ich bedauerlicherweise überhaupt nicht wahrnehmen kann.

In Oberstdorf angekommen, muss noch ganz schnell eine Deutschlandgeschichte her. Ja, *schnell*! Im Vorfeld habe ich mehrfach mit dem bayerischen Konzeptkünstler Peter Kees telefoniert, der mir zugesichert hat, mit ihm heute »Das Unordnungsamt« zu drehen. Als Beauftragter dieses wunderbaren Amtes fährt Peter Kees mit dem entsprechenden Schriftzug links und rechts auf seinem Auto durch Deutschland und stoppt deutsche Bürger, die ihm zu ordentlich erscheinen. Beim Anblick eines Missetäters ruft er aus seinem Unordnungsmobil (das wirklich extrem unordentlich ist: Kippen auf den Sitzen, McDonald's-Reste auf der Rückbank, überall Papiere, leere Trinkbecher ...) heraus: »Halten Sie an, Sie verhalten sich zu ordentlich!«

Passanten, die bei Grün über die Straße gehen, Menschen, die zu ordentlich parken oder andere Unordnungswidrigkeiten begehen, erhalten von ihm einen Strafzettel, auf dem auch eine Strafgebühr ausgewiesen ist.

Was hinter dieser Kunstaktion steht, kann man sich denken: Peter Kaas richtet sich damit gegen das bekanntermaßen überordentliche Deutschland und kämpft mit seinem Unordnungsamt für nichts Geringeres als mehr Schlamperei. Das kann ich nur unterstützen und möchte dem Unordnungsamt deshalb meine letzte Deutschlandgeschichte widmen.

Doch dann klingelt mein Handy. Peter Kees hatte am Vortag erst für Unordnung in München gesorgt und steckt mit seinem unordentlichen Gefährt auf seiner Heimreise fest: »Herr Wigge, ich stehe mit dem Unordnungsamt leider im Stau, rollern Sie bitte nicht weg!«

Ich habe keine andere Wahl, als zu warten. Die Stunden in Oberstdorf werden zu Tagen, Jahren, ja sogar Jahrhunderten, so fühlt es sich zumindest an. Also tigere ich die idyllischen Gassen Oberstdorfs auf und ab, bin furchtbar unruhig und schaue immer wieder Richtung Alpen, die direkt hinter Oberstdorf in den Himmel ragen. Nicht gerade beruhigend auch der Blick auf mein Navi: Meine geplanten 2473 Kilometer habe ich bereits überschritten – was das für meinen Zeitplan bedeutet, ahne ich in dem Moment noch nicht …

Ich frage mich, ob ich nicht einfach abdüsen und die Geschichte auslassen soll. Geht aber nicht, wenn ich diese Challenge gewinnen will, ich brauche 30 unkonventionelle deutsche Geschichten, die habe ich im Vorfeld laut angepriesen. Dieses Versprechen muss ich halten, und zwar innerhalb von 80 Tagen, nicht von 100, wie Rolf Rische stets getönt hat. Außerdem wäre es nicht cool, Peter Kees zu versetzen. Also bleibt nur Warten.

Glücklicherweise dauert es nicht mehr allzu lange, bis besagter Mann endlich in Oberstdorf ankommt. Ich erkläre ihm, dass unsere Filmaufnahmen leider sehr schnell gehen müssen. Er reagiert etwas verstört, da drei Stunden Autobahn in der Hitze und im unordentlichen Unordnungsamt bestimmt kein Spaß waren. Aber er kommt mir entgegen und zeigt mir fröhlich seine Strafzettel. Zuallererst jedoch lacht er mich aus, statt mich ordentlich zu begrüßen, denn richtig ordentlich korrekt hatte ich vorweg bereits ein Parkticket für ihn gezogen. Das hat er selbstverständlich abgelehnt – das Unordnungsamt und ein Parkticket hinter der Windschutzscheibe? Niemals.

Dann begibt er sich auf die Pirsch, spricht ein paar Passanten an und drückt ihnen die Strafzettel in die Hände. Einige lachen, andere verstehen die Welt nicht mehr.

Ich springe mit ins Unordnungsamt hinein, und Peter und ich rasen zu schnell oder über diverse Parkbuchten hinweg durch Oberstdorf, richtig schön verkehrswidrig, wie es sich für ein Unordnungsamt gehört. Als Erstes hält Peter einen Fahrradfahrer im Ort an und gibt ihm einen Strafzettel, weil er zu ordentlich gekleidet ist. Der Mann schaut verdutzt, weil er mit einem Ordnungsstrafzettel rechnet, und ist total perplex. Danach halten wir an einem Garten. Die Dame des Hauses bekommt ebenfalls einen Strafzettel, nämlich dafür, dass ihr Rasen so schrecklich ordentlich gemäht ist. Da erspähe ich die ordentlich aufgehängte Wäsche an ihrer Wäschespinne im Garten. Dafür erhält sie prompt einen zweiten Strafzettel. Wir bitten sie, die Wäsche in Zukunft unordentlicher aufzuhängen. Die ältere Dame lacht und zeigt Verständnis. Sie verteilt die Wäsche sofort kreuz und quer über die Spinne. Peter Kees bleibt dabei völlig ernst, da Unordnungstickets verteilen schließlich eine ernste Sache ist. Anschließend erteilen wir der Dame unseren unordentlichen Segen.

Das lustige Spiel wiederholt sich einige weitere Male mit anderen Passanten. Mechthild und ich filmen alles, und bald schon naht die Verabschiedung. Ich bedanke mich vielmals für die Zeit, die das Unordnungsamt für mich geopfert hat, und beteuere immer wieder, dass unser Land seine Dienste noch sehr lange brauchen wird, vielleicht sogar noch die Dienste vieler weiterer Unordnungsämter, schließlich kann es eine Weile dauern, bis uns die weltweit bekannte extreme Ordnung ausgetrieben sein wird.

 Film ab!

No more Tretroller!

Mein Kilometerstand beträgt nun 2485 Kilometer – schon 12 Kilometer mehr, als mein Navi im Vorfeld für die gesamte Strecke berechnet hatte –, heute ist Tag 80, und es sind immer noch genau 20 Kilometer bis zum Haldenwanger Eck. Also werde ich meine vorherigen Berechnungen mit dem Navigationsgerät übertreffen. Die Uhr schlägt drei Uhr mittags. Eigentlich sind 20 Kilometer machbar – aber bis auf knapp 2000 Höhenmeter?

Nichts wie losgerollt! Es geht durch das südlichste Tal Deutschlands zwischen unglaublich schönen schneebedeckten Bergen hindurch. Um 17 Uhr erblicke ich das Hinweisschild zum südlichsten ganzjährig bewohnten Dorf Deutschlands, Einödsbach. Es ist zwar nun nicht mehr weit, aber um 19 Uhr wird mir klar, dass das Haldenwanger Eck nicht mal eben so am späten Abend bestiegen werden kann. Passanten erzählen mir, dass sich die Wetterverhältnisse auf dem hohen Berg schnell ändern können und aus Sicherheitsgründen sowieso meist Bergführer engagiert werden, wenn man ihn erklimmen möchte.

Ich kann den Berg mittlerweile schon sehen, aber soll ich hier Dummheiten anstellen, um die Challenge zu gewinnen? Was, wenn ich im Dunkeln irgendwo die Alpen hinabstürze oder verloren gehe? Ich grüble hin und her, ob es nicht doch noch irgendeine Lösung gibt, um an Tag 80 dort hoch zu gelangen. Die ältere Dame an der sogenannten Schwarzen Hütte kurz vor dem letzten Aufstieg rät mir davon ab, das heute noch zu wagen.

Ich fasse es nicht, ich muss einsehen, dass ein abendlicher Aufstieg und ein nächtlicher Abstieg einfach zu riskant wären, schließlich bin ich überhaupt nicht bergerfahren.

Ich muss es einsehen. Es klappt nicht. Die Challenge ist verloren.

Traurig und enttäuscht, dass nach so vielen Anstrengungen das bittere Ende gekommen sein soll, sitze ich abends im idyllischen Alpental auf einer Bank und lasse die Reise in Gedanken Revue passieren. Was ist zwischendurch nicht alles Aufregendes passiert! Schneeböen in Schleswig-Holstein, verzweifelte Rückenwindsegelversuche nach dem Treffen mit dem Erfinderclub, Rückenschmerzen mit Orthopädenbesuch in Wolfsburg, das Hochwasser in Heidelberg, verzweifelte Kiteaktionen in Seligenstadt, die Verfolgungsjagd in Dinkelsbühl, die unglaublich heiße letzte Strecke durch Bayern – und nun ist es doch ein einziger Tag zu viel geworden. Auf der einen Seite ärgere ich mich und bin total unzufrieden mit mir selbst, auf der anderen Seite bin ich glücklich, weil ich es zu schätzen weiß, wie sehr mich diese Reise bereichert hat.

Deutschland hat sich mir als ein schräger, bunter Haufen präsentiert, viel schräger und bunter, als ich es je gedacht hätte. Da waren zum Beispiel die Ortsteile Kalifornien und Brasilien mit ihren lustigen Sambatänzern, der

Erfinderclub mit dem Bierflaschenprotektor, der schiefe Turm von Thüringen, den ich wohl zum ersten und letzten Mal bestiegen habe, die Zuckersammlerin mit ihren 130000 Zuckerstücken, die Ufo-Meldestelle in Mannheim und der Konkurrenzkampf der weltgrößten Kuckucksuhren. Sie alle haben mir ein Land voller erstaunlich schillernder Facetten gezeigt. Wie lange bin ich weit durch die Welt gereist, um außergewöhnliche Subkulturen und Kulturen zu entdecken, dabei lässt sich so vieles davon direkt vor der eigenen Haustür finden, wenn man nur langsam genug reist und ein bisschen genauer hinschaut als sonst – und nicht vom Rächer von Dinkelsbühl erwischt wird! (Darüber bin ich immer noch nicht hinweg.)

DEUTSCHLAND, DU WARST SPITZENMÄSSIG!

Neben all den intensiven Erlebnissen hat mir die Zeit auf dem Tretroller auch die Möglichkeit gegeben, über Dinge nachzudenken, die bei meinem sonstigen Lebenstempo keinen Platz haben: das Älterwerden, mein bisheriger Lebensweg, unser kurzes menschliches Leben im Allgemeinen, das Glück, der Sinn und Zweck unseres Daseins. Ich bin sehr dankbar, die Zeit und Muße zur Reflexion gehabt zu haben, und möchte sie auf keinen Fall missen. Vielleicht schaffe ich es ja sogar, ein bisschen mehr davon auch in mein alltägliches Leben einzubauen.

Und last, not least: Ich bin durch diese Reise wieder richtig fit geworden. Vor einem halben Jahr habe ich noch saftige 94 Kilogramm auf die Waage gebracht, heute sind es nur noch 78. Die keuchende Raucherlunge in Berliner Treppenhäusern gehört mittlerweile der Vergangenheit an, ich fühle mich generell viel leichter und vor allem emotional viel ausgeglichener als vorher. Wie gesagt: Sport macht glücklich, das stimmt wirklich!

Der Abend endet früh mit einem entspannten Schlafbeginn um 21 Uhr. Körperlich bin ich immer noch völlig fertig und möchte gar nicht an die morgigen Strapazen denken.

Wenigstens habe ich Glück: Der Aufstieg auf das Haldenwanger Eck beginnt am frühen Morgen des 81. Tages mit gutem Wetter. Mechthild hat in letzter Minute noch den Bergführer Oskar engagiert, damit wir dort oben nicht wie Ötzi jahrtausendelang verschüttet werden. Die Sache gestaltet sich schwierig, weil es zum einen sehr steil nach oben geht und zusätzlich noch Ferdinand auf meinen Schultern hängt. Zum anderen fehlt mir der letzte Schwung, der Endspurt war irgendwie schon gestern, und mir hängen natürlich außerdem die vergangenen Reisetage nach. Drei Stunden später erreichen wir die ersten Schneefelder. Was wäre bloß passiert, wenn ich gestern Abend alleine hier hergewandert wäre? Ich möchte es mir gar nicht vorstellen …

Mit dem Tretroller auf meinem Rücken komme ich mir vor wie ein vollgepackter Sherpa, der den Mount Everest erklimmt, auch wenn das hier im Vergleich nur eine klitzekleine Ausbeulung ist. Trotzdem kann ich zum ersten Mal nachvollziehen, was Lastenträger in den Anden, am Kilimandscharo oder im Himalaja durchstehen müssen. Dinge einen Berg hochschleppen zu müssen *sucks*!

Am späten Mittag erreichen wir schließlich das Haldenwanger Eck. Wir platzieren uns vor einen Grenzstein zu Österreich, und die Aussicht auf die grandiosen Alpentäler ist atemberaubend. Ich jubele laut durch die Lüfte, dass die Tretroller-Tort(o)ur geschafft ist, und hebe Ferdinand hoch. Es ist vollbracht, zwar mit einem Tag und einigen Kilometern mehr, aber der tägliche Wahnsinn ist endlich vorbei: 2505 Kilometer per Tretroller in 81 Tagen!

Abschließend erzähle ich Euch noch etwas wehmütig von den letzten Schlafstätten meiner Reise:

Schömberg

Schömberg ist nicht nur der Ort der Bärte, sondern offensichtlich auch der Ort der grenzüberschreitenden Parker. Kurz nach meinem Bartclubbesuch gehe ich zurück zum Wohnmobil, das auf einem öffentlichen Parkplatz im Dorf steht. Anscheinend parkt auf diesem geräumigen Parkplatz jedoch allabendlich ein Lkw-Fahrer mit seinem Gefährt, und zwar genau in der Parkbucht, in der sich nun frecherweise unser Wohnmobil breitgemacht hat. Wie es sich für einen korrekten und ordnungsbewussten Menschen gehört, lässt uns der Fahrer das nicht so einfach durchgehen. Er parkt seinen Lkw ohne Übertreibung zwei Zentimeter neben dem Wohnmobil, sodass es für mich unmöglich ist, die Tür zu öffnen und einzusteigen. Okay, ich habe es begriffen: Parke niemals irgendwo, bevor du nicht eine komplette Dorfbefragung durchgeführt hast!

Triberg

Neben den größten Wasserfällen und den größten Kuckucksuhren hat Triberg noch weitere weltweite Einzigartigkeiten zu bieten. So wurden beispielsweise im Triberger Parkhaus 2012 die weltweit ersten und einzigen Männerparkplätze geschaffen. Das ist eine echte Errungenschaft, dass nun Männer endlich auch über ihre eigenen Parkplätze verfügen, damit sie nachts nicht den gefährlichen weiten Weg zu den gemischten Parkplätzen laufen müssen. Sie könnten schließlich von der in den Büschen lauernden, gemeingefährlichen Spezies Frau überfallen oder sogar sexuell belästigt werden. Sehr innovative Idee, Herr Bürgermeister!

Sankt Georgen

Dieser Ort bleibt mir natürlich deshalb in Erinnerung, weil ich hier dem Teufel Alkohol erlag und frühmorgens mit schwindeligem Hirn davongerollert bin, ohne mich erinnern zu können, wo ich bin, wer ich bin und warum ich auf diesem Tretroller stehe. Liebe Sankt Georgener, ihr habt 75 Tage Abstinenz beendet, und dadurch konnte ich mich leider kaum auf Euren Ort konzentrieren. Nachträglich lässt sich nur sagen, dass der Wein bei Euch echt super schmeckt und man nachts vollkommen ungestört umherschwanken kann. DANKE!

Hattingen

Hattingen gibt es einmal in Nordrhein-Westfalen und einmal ganz im Süden unseres Landes. Interessant an diesem kleinen Dorf im Süden ist Folgendes: Wenn man

»Hattingen Dorf« googelt, landet man auf einer Website des britischen Horrorfilms *Das Dorf der Verdammten*. Dessen Handlung ist ziemlich obskur: Atomraketen, Horrorbabys, Mordpläne usw. Hattingen taucht in der Handlung nicht auf, aber eine unerklärliche Verbindung scheint es laut Google ja zu geben – Hiiilfe!

Ravensburg

Wer kennt sie nicht, die weltberühmten Ravensburger Spiele! Vor meiner Ankunft hatte ich mir ausgemalt, wie die Bürger dieser Stadt nachmittags mit großen Brettspielen die Straßen belagern und dort Dame, Mühle und Schach spielen, diverse Riesenpuzzles zusammensetzen und ihrer Freizeit frönen. Doch falsch, ich habe es investigativ erforscht: In Ravensburg wird tagsüber gearbeitet! Aber immerhin: 2008 haben die Ravensburger auf dem Marienplatz das größte Puzzle der Welt mit 1 141 800 Teilen auf 600 Quadratmetern ausgelegt. Die alten Spielrabauken!

Einödsbach

Wie der Name schon verspricht, befindet sich das Dorf (drei Häuser, eine Kapelle) in einer gewissen Einöde, ohne Handyempfang und andere Errungenschaften unserer Gesellschaft. Öde ist die Einöde allerdings nicht: Es ist wunderschön dort mit dem Blick auf die Trettachspitze. Und mit zehn Einwohnern ist dieses Dorf immer noch größer als die Hallig Gröde im tiefen Norden, wir erinnern uns …

Und meinen allerletzten Brief, den widme ich natürlich Euch:

Liebe Leser,

ich hoffe, Ihr habt dieses Buch mit Spaß und Spannung gelesen und fühlt Euch inspiriert zu reisen. Egal, ob ihr dabei durch die Welt, durch Deutschland oder einfach durch die Wohnung Eures Nachbarn zieht: Es gibt überall unglaublich viel zu entdecken, man muss sich nur auf den Weg machen. Doch Obacht: 2505 Kilometer auf einem Tretroller können seeeeeeehr, sehr lang sein! Tatsächlich plädiere ich persönlich nach dieser Erfahrung für das Reisen per Limousine, per Privatjet oder per sultanmäßiger Sänfte! NO MORE TRETROLLER!
Wenn Ihr Lust auf noch mehr Wigge habt, klickt mich einfach auf Facebook an.
Bis zum nächsten Mal!

Euer Wigge

 Film ab!

Danksagung

An dieser Stelle bedanke ich mich ganz herzlich bei Mechthild Ermisch für den tollen Support auf engstem Raum, der mit sehr viel Arbeit verbunden war. Es war eine phantastische gemeinsame Reise!

MALIK

Georg Koeniger

Bis dass die Autotür uns scheidet

Ein Leben in 12 Fahrrädern
272 Seiten mit s/w-Abbildungen im Text. Klappenbroschur

50 Jahre Radfahren, 20 Radreisen in Europa und Übersee,
12 unverwechselbare Lebensgefährte – für Georg Koeniger ist
ein Da- und Unterwegssein ohne Fahrräder undenkbar. Was
liegt da näher, als die wichtigsten Etappen des eigenen Lebens
einmal aus der Sicht jener Räder zu betrachten, auf denen man
sie zurückgelegt hat: vom Münsteraner Pättkes-Fahrer auf
dem Hollandrad zum Pass-Kletterer auf dem Trekkingbike,
vom Colnago-Fetischisten zum Single-Speed-Puristen, vom
tollkühnen Kinderrad-Piloten zum hilflosen Kinderrad-
Käufer ...

»Autobiografien sind out, es lebe die Radbiografie!«
Deutschlandfunk

02/1151/01/L

DIE DVD
ZUM BUCH
—————
www.dw.de/
tretroller

Auf dem **Tretroller** durch **DEUTSCHLAND**

Michael Wigge in bewegten Bildern

Die DVD zeigt die komplette TV-Serie der Deutschen Welle.
Dazu exklusives Bonusmaterial – insgesamt über 150 Minuten.
Die Reportage in fünf Folgen präsentiert die spannenden
Menschen und Orte, die Wigges Leser im Buch kennengelernt
haben – in bewegten Bildern, im Originalton. **Wigge auf DVD –
jetzt bestellen. Online oder direkt im Fachhandel.**

www.dw.de/tretroller   **www.knm-media.de**